AF525750

FLORIAN BAUER

IMMOBILIEN-INVESTMENTS NEU DENKEN 1×1

FLORIAN BAUER

IMMOBILIEN-INVESTMENTS NEU DENKEN 1×1

Wie Sie trotz hoher Zinsen erfolgreich investieren und ein Vermögen aufbauen

FBV

Bibliografische Information der Deutschen Nationalbibliothek
Die Deutsche Nationalbibliothek verzeichnet diese Publikation in der Deutschen Nationalbibliografie. Detaillierte bibliografische Daten sind im Internet über http://dnb.d-nb.de abrufbar.

Für Fragen und Anregungen:
info@finanzbuchverlag.de

Originalausgabe, 1. Auflage 2023

Türkenstraße 89
80799 München
Tel.: 089 651285-0
Fax: 089 652096

Redaktion: Anne Büntig
Umschlaggestaltung: Maria Verdorfer
Umschlagabbildung: Shutterstock/DmiVas; Bauer Immobilien GmbH
Satz: ZeroSoft, Timisoara
Druck: GGP Media GmbH, Pößneck
Printed in Germany

ISBN Print 978-3-95972-737-2
ISBN E-Book (PDF) 978-3-98609-432-4
ISBN E-Book (EPUB, Mobi) 978-3-98609-433-1

Weitere Informationen zum Verlag finden Sie unter

www.finanzbuchverlag.de

Beachten Sie auch unsere weiteren Verlage unter www.m-vg.de

Inhalt

Einführung: Warum in Immobilien investieren? 7

Teil 1: Der Wohnimmobilienmarkt in Deutschland – politische, gesellschaftliche und wirtschaftliche Hintergründe 17

Zinsen, Inflation und Preise 19

Die Motivation bei Investitionen 27

Die Bauwirtschaft 31

Zins-Stress am Häusermarkt 33

Mieten: Hohe Nachfrage und kaum Neubau 36

Wo liegen Chancen? Der Aufstieg der B- und C-Städte 41

Dynamische Regelsetzung – politisch verursachte Kosten 45

Mietenpolitik und gesellschaftliches Klima: Heftiger Gegenwind für Vermieter 58

Gesellschaftliche Entwicklungen 66

Die 400 000er-Marke – ein politischer Wunschtraum 71

Teil 2: Eigentumswohnungen und Mietshäuser als Geldanlage . 81

Elf Gründe, warum Sie in Immobilien investieren sollten 83

Immobilien als Kapitalanlage 93

Von der Idee zur Tat 129

Finanzierung 143

Steuern sparen 162

Aus der Praxis: Strategie und Portfolioaufbau 167

Die größten Fehler beim Immobilienkauf 174

Ausblick und Fazit 178

Danksagung 181

Quellen 183

Stichwortverzeichnis 190

Einführung: Warum in Immobilien investieren?

»Zum Wohl! Auf unseren weiteren Urlaub. Das erste Wochenende war ja schon super!«, sagt Sebastian und hebt sein Glas in die Runde.

Die anderen drei tun es ihm gleich und stoßen mit kühlem Albariño-Wein an. »Wow!«, sagt Yvonne. »Ich liebe Spanien! Toll, dass wir uns dafür entschieden haben.«

Das Tapas-Restaurant »La Bodega« liegt in einer Gasse im Herzen Barcelonas. Die Geräuschkulisse der plaudernden Gäste im Lokal ist lebhaft.

»Yvonne und Sebastian, erzählt doch mal, ihr beiden! Ihr habt wieder zugeschlagen, oder?«, fragt Peter.

Sebastian schaut lächelnd zu Yvonne. »Hast du etwa schon etwas verraten?«

Sie schaut gespielt verschämt. »Entschuldige, ich musste Andrea kurz davon erzählen. Aber nur ein bisschen. Jetzt ist es Zeit für die ganze Story.«

In dem Moment werden die Tapas serviert, Patatas Bravas, Tortilla Española und Sardellen.

»Ja, wir haben wieder zugeschlagen«, setzt Sebastian das Gespräch fort, nachdem die Bedienung wieder gegangen ist. »Es ist eine Eigentumswohnung in Waldenburg, einer kleinen Stadt in Sachsen, westlich von Chemnitz. Ein schönes, kernsaniertes Gebäude aus dem Jahr 1988.

Aber nicht dass ihr jetzt an einen Plattenbau denkt! Es ist etwas Kleines, Feines und nun runderneuert.«

»Fünf Zimmer auf 120 Quadratmetern«, ergänzt Yvonne. »Und der Clou: Das sind zwei zusammengelegte Wohnungen, die sich später auch einzeln verkaufen lassen. Außerdem gehören fünf Stellplätze dazu!« Triumphierend sieht sie Sebastian an.

»Glückwunsch«, sagt Peter erfreut, aber knapp und nimmt noch einen Schluck Wein. »Wenn ich richtig mitgezählt habe, ist das Objekt Nummer fünf.«

Die Vermutung liegt nahe, dass Yvonne und Sebastian sehr wohlhabend sein müssen, um sich fünf Immobilien leisten zu können. In der Tat verfügen nahezu alle vermögenden Menschen über Immobilien. Sie wissen natürlich besonders gut, wo sie ihr Geld lukrativ anlegen können. Gleichzeitig haben viele ihr Vermögen aber erst mit Investments in Betongold gemacht. Ein gut gefülltes Sparkonto ist nämlich keine Bedingung, um sich ein Mietshaus oder Eigentumswohnungen zum Vermieten kaufen zu können. Selbst mit einem geringen Eigenkapitaleinsatz ist das machbar.

Den nötigen Kredit – das Fremdkapital – zu bekommen, setzt allerdings einiges voraus: Wichtig sind eine gute Bonität, eine auskömmliche persönliche Finanzsituation, ein solides Objekt und eine Investmentstrategie, um die Bank zu überzeugen, Ihnen 80 oder gar 90 Prozent des Kaufpreises als Kredit zu geben. Außerdem sollten Sie rechtzeitig damit anfangen. Denn ein Immobilienengagement ist eine langfristige Unternehmung, wenn es sich auszahlen und womöglich jahrzehntelang für Sie und nicht nur für Ihre Erben Früchte tragen soll.

Dieses Buch zeigt Ihnen, wie einfach es für die meisten von uns ist, mit wenig bis gar keinem Eigenkapital in Immobilien zu investieren und sich Schritt für Schritt ein ganzes Portfolio aufzubauen. Ich werde auf die Bedingungen und Spielregeln – eines meiner

Lieblingswörter in diesem Zusammenhang – eingehen, meine Erfahrungen als Immobilienprofi mit Ihnen teilen und Ihnen erzählen, wie ich meine eigenen Objekte erworben habe.

Im ersten Teil habe ich einen für ein solches Buch ungewöhnlichen Schwerpunkt gewählt: die politischen, baupolitischen, finanziellen und wirtschaftlichen Rahmenbedingungen sowie den – stark regulierten – Wohnungsmarkt. Denn ich halte es für notwendig, dass ein Ratgeber, der Sie zu Investitionen ermuntern möchte, Sie auch ausführlich über die aktuellen Umfeldbedingungen informiert. Die Politik macht Investoren und Vermietern mit zahlreichen Vorschriften, überbordender Bürokratie, halbsozialistischer Mietenpolitik und grundsätzlichen Fehlentscheidungen das Leben schwer – und verteuert damit Bauen und Wohnen unnötig. Das ist alles wesentlich wirtschaftsfreundlicher und somit auch mieterfreundlicher vorstellbar. An Ideen und Vorschlägen, die Missstände zu beheben und die Kostentreiber abzustellen, mangelt es nicht. Dennoch ist die derzeitige Lage so, wie sie ist. Inflation und Zinsanstieg haben zusätzlich dazu beigetragen, die Lage zu verschärfen.

Trotzdem lohnt es sich, sein Geld – oder vielmehr das der Bank – in Immobilien anzulegen. Warum? Weil wir Wohnungen und Vermieter brauchen. Weil die Nachfrage ungebremst ist und auf ein begrenztes und stagnierendes Angebot trifft. Und weil wir auch in Zukunft immer wohnen werden.

Im zweiten Teil dieses Buches erfahren Sie daher, wie Sie Ihre erste eigene Immobilie erwerben und sie solide finanzieren. Ich werde Ihnen zeigen, wie Sie einen attraktiven Standort finden und worauf Sie bei der Vermietung genau achten müssen. Außerdem gebe ich Ihnen steuerliche Tipps für Ihre Immobilieninvestments an die Hand. Bei alldem werde ich Sie mit vielen Details vertraut machen: der Mietrendite, dem Cashflow- oder Sparmodell, wo Sie die passenden Objekte finden, wie Sie Ihren Finanzbedarf berechnen und wie Sie Ihre Bank überzeugen.

Ich möchte Ihnen die Angst vor der Geldanlage, der Kapitalbildung, aber auch vor Ihrer finanziellen Zukunft generell nehmen. Meine Vision ist es, möglichst vielen von Ihnen den Zugang zum Immobilienmarkt zu erleichtern und aufzuzeigen, wie einfach und lukrativ es sein kann, Immobilien zu erwerben. Gleichzeitig möchte ich mit dem Irrglauben aufräumen, dass der Kauf eines Eigenheims eine tolle Investition ist. Tatsächlich wohnen viele vermögende Profis zur Miete.

In meinem Berufsleben ist eines meiner Hauptanliegen, meinem Gegenüber das Gefühl für das große Ganze zu vermitteln. Denn eine Immobilieninvestition ist nur ein Mittel zum Zweck: um Zusatzeinnahmen zu generieren, den Lebensabend komfortabler zu machen oder gar finanzielle Freiheit zu erreichen. Hierzu benötigen Sie eine Strategie, die natürlich auch andere Anlageklassen einschließt und Ihr Vermögen und das Risiko streut.

Einmal gründlich durchdacht und konsequent angewendet, spült diese Konzeption automatisch (bei nur minimalem Aufwand) jeden Monat Geld auf Ihr Konto; egal, ob Sie nur ein bis zwei Immobilien zur Altersvorsorge erwerben wollen oder sich ein Portfolio aufbauen. Natürlich investieren Sie am Anfang Zeit für den Erwerb der Immobilie und verwerfen auch mal ein, zwei, drei Objekte. Aber wenn das Ganze läuft, müssen Sie nur noch wenig Aufwand betreiben und haben sich eine weitere Einkommensquelle erschlossen. Als ich zum ersten Mal zusätzliches Geld auf diese Weise erhalten habe, war dies ein sehr emotionaler Moment.

Schlüsselmomente während der Banklehre

Sicherlich werden Sie sich fragen, warum ausgerechnet ich der richtige Mann sein soll, um Sie bei Ihrem Einstieg in die Welt der Immobilieninvestments zu begleiten.

Ich bin seit 2009 in der Finanzbranche aktiv. Nach meinem Abitur habe ich eine Ausbildung zum Bankkaufmann gemacht und im Anschluss erst als Privatkundenberater bei der Bank gearbeitet und danach in der Finanzdienstleistung. Ich bin zudem ausgebildeter Versicherungsfachmann und studierter Immobilienökonom und war für eine Schweizer Gesellschaft im Bereich Immobilien als Kapitalanlage tätig, bevor ich mein erstes eigenes Unternehmen gegründet habe. Wenn Sie die ausführliche Version lesen wollen, schauen Sie sich bitte meinen Werdegang im Kasten an.

Mein Weg zum Immobilienprofi

Meine Ausbildung zum Bankkaufmann habe ich von 2009 bis 2012 bei der damaligen Sparkasse Gummersbach-Bergneustadt gemacht (heute durch Fusionen nur noch Sparkasse Gummersbach). Relativ früh in der Lehre habe ich festgestellt, dass es mich in den Verkauf und die Beratung zieht. Dies hat dazu geführt, dass ich bereits während des letzten halben Jahres meiner Ausbildung als Berater mit eigenen kleinen Kreditkompetenzen tätig sein durfte. Das war ein absolutes Novum zu jener Zeit. Dies lag sicherlich auch daran, dass ich, obwohl ich noch in der Ausbildung war, bereits erfolgreich war und nach einem halben Jahr als Berater gleiche und teilweise sogar bessere Ergebnisse erzielt habe als manche Kollegen in einem ganzen Jahr.

Das hat mein Engagement erst recht befeuert. Zu dieser Art von Arbeit musste mich niemand zwingen. Gleichzeitig stellte ich mit der Zeit fest, dass es mir eine enorme Selbstzufriedenheit gab, wenn ich Menschen dabei unterstützen konnte, zum Beispiel drei, vier oder gar fünf Kredite zusammenzulegen und aufgrund der dann niedrigeren Belastung 300 bis 500 Euro monatlich zu sparen. Hiervon haben wir einen Teil wieder angelegt.

Leider gab es damals wie heute Kampagnen für Finanzprodukte, wie beispielsweise Bausparwochen. Dies waren Aktionen, bei denen wir von der Bank den Auftrag bekamen, möglichst viele Bausparverträge zu verkaufen und unseren Fokus nur auf dieses Thema zu legen. Zu anderen Zeitpunkten gab es dann Rechtsschutzwochen und anderes. Mir aber lag immer schon am Herzen, den Kunden ganzheitlich zu beraten. Ich wollte meinen Kunden das Gefühl geben, dass ich ihre Wünsche und Bedürfnisse ernst nehme, und ihnen nicht einfach irgendetwas verkaufen, nur weil gerade Bausparwochen liefen. Dies habe ich auch meinem Chef deutlich gemacht und vielmehr meinen Fokus darauf gelegt, was am besten zum jeweiligen Kunden passt. Dies ist bankintern natürlich nicht gut angekommen. Aber da ich immer Ergebnisse geliefert habe, hat man es murrend hingenommen.

Am Ende eines Jahres zog ich einmal persönlich Bilanz, um festzustellen, wie viel Provisionsumsatz ich für die Bank generiert hatte, während ich selbst keinerlei Provisionen erhalten hatte. Das war ernüchternd, und ich fragte mich, was meine mittelfristigen Perspektiven dort sein würden: wenig Verdienst, wenig Verantwortung und keine Möglichkeit, stressfrei den Kunden ganzheitlich zu beraten. Das war nicht das, was ich auf Dauer machen wollte.

Mit dem Wissen und dieser Begeisterung, den Kunden umfassend zu helfen, bin ich dann in die Finanzdienstleistung gegangen. Dort habe ich mich weitergebildet und einen Abschluss als Versicherungsfachmann IHK gemacht, um meine Basis zu verbreitern, sodass ich von Privatkrediten über Geldanlagen, Altersvorsorge und Investmentfonds bis hin zu Versicherungen alles abdecken konnte. Allerdings stellte ich bei meinem damaligen Unternehmen wiederum fest, dass Versicherungen nicht das Nonplusultra sind, um Vermögen aufzubauen. Sie haben ihre zwingend notwendige und sinnvolle Funktion – aber nicht bei der Rendite.

Also habe ich mich wieder umgeschaut und bemerkt, dass einige Leute branchenübergreifend gutes Geld verdienen. Ein Teil davon hat sich aber trotzdem kein Vermögen erarbeitet. Andere wiederum waren sehr vermögend. Sie hatten zumeist ihr Vermögen durch vermietete Immobilien aufgebaut. Daraufhin habe ich mich intensiver mit dem Thema beschäftigt und gesehen, welch ein enormer Hebel dahintersteckt. Denn zwei weitere Parteien, nämlich der Mieter und das Finanzamt, helfen mir dabei, meine Altersvorsorge aufzubauen, und ich kann meinen Kapitaleinsatz hebeln.

Ich wollte daraufhin tiefer in die Materie eintauchen und habe neben meiner Tätigkeit als selbstständiger Finanzberater ein Studium zum Immobilienökonomen absolviert. Spezialisiert habe ich mich auf die Beratung und den Verkauf von Kapitalanlageimmobilien in A- und B-Lagen deutschlandweit – und bald darauf im Jahr 2018 mein erstes eigenes Unternehmen gegründet: Bauer Immobilien GmbH. Auch hier galt und gilt mein Credo, dass der Kunde absolut im Mittelpunkt steht. Ich erarbeite mit ihm gemeinsam eine auf ihn persönlich zugeschnittene Strategie, die natürlich Immobilieninvestments als Schwerpunkt hat.

Über die Bauer Investment Holding (zu 100 Prozent in meinem Besitz) halte ich Beteiligungen an sieben Unternehmen mit insgesamt 50 Mitarbeitern:

- FB Management Consulting GmbH (100 Prozent)
- Bauer Immobilien GmbH: Beratung, liefert geprüfte Immobilien, Mietverwaltung (100 Prozent)
- Akandus Investment: Ankauf, Entwicklung und Verkauf von Immobilien (50 Prozent);

- Zinsoptimum GmbH: Vermittlung von Finanzierungen, Spezialist für Kapitalanlagefinanzierungen, Vergleich von mehr als 400 Banken (50 Prozent);
- Optimarum Hausverwaltung: WEG-Verwaltung (33 Prozent)
- Primaro Multiservice GmbH.: Handwerkernetzwerk, Hausmeisterservice, Instandhaltung und Ausbau von Objekten (33 Prozent)
- Office Park Leverkusen GmbH (30 Prozent)

Alles, was ich in diesem Buch beschreibe, habe ich persönlich umgesetzt. Sie bekommen hier zwar auch eine Menge Theorie vermittelt, aber alles ist praxiserprobt und mit etlichen Beispielen hinterlegt. Ich schildere aus eigener Erfahrung, wie ich zum Immobilienmillionär geworden bin und auf dem Weg dorthin viele Immobilien selbst ohne Eigenkapital gekauft habe.

Zur Seite stehen mir zwei Paare: Yvonne (34 Jahre), angestellt als Vertriebsassistentin, und Sebastian (46), leitender Angestellter aus Köln. Sie haben zwei Kinder und zusammen erzielen sie ein Haushaltsnettoeinkommen von 7300 Euro. Sie sind sehr offen für Immobilien, aber nicht unkritisch, und investieren regelmäßig. Über die Jahre haben sie sich von mir überzeugen und begleiten lassen und haben sich so ein Portfolio mit sechs Immobilien aufgebaut, fünf davon mit meiner Hilfe. Die in diesem Buch beschriebenen Objekte und Zahlen sind alle real.

Das andere Paar besteht aus Andrea (35) und Peter (38) aus Düsseldorf, Lehrerin und Ingenieur. Sie haben ebenfalls zwei Kinder und erreichen ein ähnliches Nettomonatseinkommen von 7000 Euro. Auch sie wollen seit Jahren investieren. Yvonne und Sebastian sehen sie als Vorbild. Das nötige Geld ist da, doch irgendetwas kommt immer dazwischen. Sie haben zwar schon ein paar Objekte besichtigt, sehen aber letztendlich nur Probleme.

Andrea und Yvonne kennen sich bereits seit Schulzeiten. Einmal im Jahr kommen beide Paare für ein verlängertes Wochenende oder einen gemeinsamen Urlaub zusammen. Dieses Mal, im Mai 2023, machen sie für zwei Wochen eine Rundreise in Spanien. Die Kinder sind zu Hause bei den Großeltern.

Teil 1

DER WOHN-IMMOBILIENMARKT IN DEUTSCHLAND

»Ihr seid wirklich mutig«, greift Andrea den Gesprächsfaden wieder auf, als sie bei der Hauptspeise sind.

»Warum mutig?«, fragt Sebastian zurück.

»Na ja, bei all der Unsicherheit – der Krieg, die Preise, die Wirtschaft, alles geht doch drunter und drüber«, sagt sie.

»Und die Zinsen sind auch ordentlich gestiegen. Sie haben sich vervierfacht. Ob sich da noch alles lohnt?«, gibt Peter zu bedenken.

»Ja, das passt alles«, erwidert Yvonne, »wir haben uns wie immer alles genau angeschaut und durchgerechnet. Außerdem ist es inzwischen unsere fünfte, genau genommen sogar unsere sechste Immobilie. Da kennen wir uns schon ganz gut aus.«

»Nicht, dass deshalb alles garantiert ist«, schränkt Sebastian ein. »Aber selbst wenn die Zinsen so hoch sind wie jetzt – solange über die Mieten Geld reinkommt, können wir den Kredit bedienen und schrittweise alles abbezahlen. Das sind ja langfristige Investments.«

»Aber was zahlt ihr denn da allein an Zinsen? Wie hoch ist euer Kredit?«

»185 000 Euro, das macht bei 4 Prozent Zinsen 7400 Euro, im ersten Jahr natürlich nur«, sagt Yvonne ungerührt und schneidet sich noch ein Stück Chorizo ab.

Andrea und Peter schauen sich an. »185 000«, rufen sie gleichzeitig. »Und das ist ja nur für die eine Wohnung. Das muss doch langsam in die Millionen gehen«, schiebt Peter hinterher.

»Es ist natürlich eine beeindruckende Summe. Davor haben wir großen Respekt. Doch alles wird schrittweise abbezahlt. Die Vermietung steht, jedes Jahr erhöht sich die Miete aufgrund von Staffelmietverträgen um ein paar Prozent und im Wert steigen die Objekte auch. Wir haben euch ja schon ein paarmal davon erzählt. Ihr solltet euch auch langsam mal trauen.«

»Also ich weiß nicht. Vor zwei Jahren vielleicht. Da lag der Zins sogar unter 1 Prozent. Aber nun? Außerdem fahren doch die Märkte Achterbahn. Ob wir da einen fairen Preis bekämen?«, sinniert Peter und isst den letzten Happen seiner frittierten Calamari.

»Das sagt ihr nun schon seit Jahren! Auch wenn es derzeit wahrlich nicht rundläuft im Land und in der Wirtschaft – gewohnt wird immer. Ihr solltet euch endlich einen Ruck geben.«

Zinsen, Inflation und Preise

»Alles hängt mit allem zusammen« ist ein oft dahingesagter Spruch. Wie wahr er tatsächlich ist, zeigt die Entwicklung am Immobilienmarkt in den Jahren 2022/2023. Als wäre es eine perfekte Versuchsanordnung eines Volkswirtschaftsprofessors, zeigten die Geschehnisse, wie sich alle Aspekte und Faktoren eines Marktes gegenseitig beeinflussen, verstärken und obendrein einen gesamten Wirtschaftsbereich um 180 Grad drehen können. Die Variablen: Inflation, Zinsen, Preise (von Immobilien, Baumaterialien, aber auch als Miete), verfügbares Kapital, die sich daraus ergebenden Konsequenzen für eine Finanzierung, (welt)politische Ereignisse sowie das Zusammenspiel von Angebot und Nachfrage. Ich werde gleich genauer darauf eingehen.

Trotz der Dramatik und der Krise bedeutet all dies nach wie vor enorme Chancen besonders für Käufer. Und: Man muss immer differenzieren. All das, was ich in diesem Buch darstelle, ist nie pauschal für alle Immobilien in ganz Deutschland zu sehen. Es gibt Unterschiede zwischen Eigenheimen, Bestandsapartments und neu gebauten Eigentumswohnungen, zwischen A-, B- und C-Lagen, zwischen Stadt und Land. Außerdem kann sich das alles auch immer (schnell) wieder ändern. Was ich zu aktuellen Zahlen berichte – nicht aber über allgemeine Mechanismen und Zusammenhänge –, sind naturgemäß oft Momentaufnahmen und es reflektiert lediglich den Zeitraum bis zum Redaktionsschluss des Buches im Frühsommer 2023.

Anders als viele meinen, hat nicht der 24. Februar 2022, der Beginn des Ukrainekriegs, die historische Niedrigzinsphase am

Immobilienmarkt beendet. Vielmehr endete diese konkret durch einen Erlass der Bundesanstalt für Finanzdienstleistungsaufsicht (BaFin), durch den die Banken gezwungen wurden, bei Finanzierungen mehr Eigenmittel zu hinterlegen. Die Europäische Zentralbank (EZB) hat schließlich im Sommer 2022 den Leitzinssatz angepasst. Danach ging es weiter nach oben, aber erste Zinsanstiege gab es bereits vor der EZB-Erhöhung. Allerdings wird der Krieg bei der BaFin-Entscheidung sicher auch eine Rolle gespielt haben.

Zudem nahm die Inflation an Fahrt auf. Sie hatte sich zwar schon in den Monaten zuvor nach oben bewegt, und zwar wegen der Energiepreise, die nicht erst mit dem Krieg Putins aus dem Ruder liefen. Doch nun beschleunigte sich alles – und schaukelte sich gegenseitig hoch. Was aber bedeutet Inflation? Wir alle wissen zwar, dass es eine Teuerung darstellt; vor 100 Jahren hat sie traumatische Erinnerungen im kollektiven Gedächtnis unseres Landes hinterlassen. Doch für die meisten von uns ist der Begriff mittlerweile recht abstrakt. Schließlich hatte es in den vergangenen Jahren keine nennenswerte Inflation mehr gegeben. Auch das hat sich nun fundamental geändert. Wir spüren es alle in unserem Geldbeutel und im großen Maßstab an den wirtschaftlichen Verwerfungen.

Für das Thema dieses Buches bedeutet Inflation aber noch mehr: Wenn alles teurer wird, haben die Leute weniger Geld in der Tasche, sofern ihr Gehalt nicht eins zu eins mitzieht. Sie können sich deshalb weniger leisten, ja manche Wünsche wie etwa der Kauf oder Bau einer Immobilie müssen sogar ausfallen – oder man muss seine Ziele quadratmetermäßig herunterschrauben.

Zum anderen drückt sich Inflation ebenfalls durch eine Steigerung der Preise am Bau aus beziehungsweise diese sind ein Treiber der Inflation. Auch das hatte es bereits in den Jahren zuvor gegeben: Denn die hohe Verfügbarkeit von Kapital aufgrund der Niedrigzinspolitik der Zentralbanken und der Coronahilfen sowie die teils verzweifelte Suche nach Anlagemöglichkeiten, »um sein Geld in Sicherheit zu bringen«, hatten ja gerade den Bau befeuert. Dieser Aufschwung traf auf begrenzte Kapazitäten an Maschinen, Handwerkern, Material und Transportkapazitäten. Die Folge war, dass alles mehr kostete – Frachtraten von Containerschiffen stiegen sogar exorbitant an, was Material zusätzlich verteuerte.

Das billige Geld hat damit einerseits den Bauboom angeheizt, gleichzeitig aber auch die Kalkulationen von Investoren dahingehend geprägt, dass sich trotzdem alles rechnet. Ab dem Frühjahr 2022 änderte sich dann die Zinspolitik, sodass sich die Bauzinsen vervierfachten. Bekam man im Januar 2022 noch einen Kredit zu 0,8 Prozent p. a., waren es im Sommer schon 3,6 Prozent. Auch die Zinsen erlebten also eine Inflation, und zwar von satten 400 Prozent. Das wiederum hieß, dass viele Käufer die Segel streichen mussten. Damit brach die Nachfrage ein, was unter anderem dafür sorgte, dass die Kaufpreise für Immobilien teilweise ins Rutschen kamen (aber nicht überall und auch nicht langfristig, wie wir gleich sehen werden).

Gleichzeitig gibt es bei Neubauten das Dilemma, dass ein bestimmter Preis erzielt werden muss, weil ihm entsprechend hohe Kosten gegenüberstehen. Es ist nahezu unmöglich, in Großstädten günstiger als für 5000 Euro pro Quadratmeter zu bauen und zu verkaufen. Alles andere würde einen Verlust bedeuten. Freilich führt diese Notwendigkeit noch lange nicht dazu, dass die Leute auch Immobilien kaufen – und so haben sich der Immobilienmarkt und die Bauwirtschaft binnen eines Jahres in einer handfesten Krise befunden.

Je nach Position innerhalb des Marktes bringt dies allerdings auch enorme Chancen mit sich: leicht gesunkene Preise bei gleichzeitig hohen oder sogar steigenden Mieten. Allerdings passen wegen der gestiegenen Zinsen die Angebotspreise und Finanzierungen nicht mehr zusammen. Anfang 2023 brach daher laut Marktbeobachtern und Analyseunternehmen die Nachfrage nach Eigentumswohnungen stark ein – was ich aus eigenem Erleben nicht bestätigen kann. »Immobilienentwickler bangen um ihr Geschäftsmodell«, berichtete die *Welt am Sonntag.*[1] Demnach gingen die Anfragen pro angebotener Eigentumswohnung allein im Februar gegenüber dem Vergleichsmonat des Vorjahres um 43 Prozent zurück, so die Zahlen des Immobilienportals »Immowelt«. Im Januar waren es gar 46 Prozent. Die Folge: Es sind »mehr Objekte auf dem freien Markt«, und die Konkurrenz mit anderen Käufern ist »geringer als in der Niedrigzinsphase«.[2] Allerdings gibt es einen gewaltigen Unterschied zwischen Objekten für Eigennutzer und jenen für Kapitalanleger (dort, wo sich dies eindeutig ausmachen lässt), auf den ich noch eingehen werde.

Das bedeutet aber nicht, dass Immobilien keinen Käufer finden, sondern nur, dass sich weniger Interessenten eine Wohnung beziehungsweise ein Mietshaus anschauen. Man könnte dies auch als Normalisierung ansehen. Schließlich waren jahrelang manche Anleger nur auf einen sicheren Hafen für ihr Geld aus. Wer sich also eine Finanzierung sichern kann oder ausreichend Kapital hat, für den haben sich gerade jetzt einige Türen geöffnet.

So waren laut Finanzierungsdienstleister Europace und dem von ihm herausgegebenen Hauspreisindex EPX die Preise von Eigentumswohnungen im Februar 2023 um knapp 8 Prozent gegenüber dem Vorjahresmonat gesunken. Ebenso mussten die Werte von bestehenden Eigenheimen (die allerdings nicht im Fokus dieses Buches stehen) Federn lassen, und zwar ebenfalls um mehr als 6 Prozent, anders als bei Neubauten, die wiederum im Preis stiegen.[3]

Hierbei ist natürlich eingepreist, dass neue Häuser die jeweils aktuellen Energieauflagen, Dämmungsanforderungen und Ähnliches erfüllen. Letzteres ist ein heikler Punkt: Die drastische Politik in Bund und EU bezüglich Modernisierungsauflagen, Heizungssystemen und Energie hat kurzerhand dafür gesorgt, dass ein großer Teil der deutschen Bestandsimmobilien im Wert extrem gesunken ist. Hierzu schrieb *Die Welt*: »Viele Eigentümer könnten – ohne es zu wissen – auf sogenannten ›Stranded Assets‹ sitzen, also Bestandsimmobilien, die aus mehreren Gründen fast unverkäuflich sind: Sie entsprechen beispielsweise nicht mehr den aktuellen Anforderungen von Nachhaltigkeit oder sie liegen abgelegen, in Regionen mit hoher Abwanderung. Schlimmstenfalls sogar beides: demografisch fehlplatziert und stark sanierungsbedürftig.«[4]

Laut Europace-Hauspreisindex EPX erzielten Eigentumswohnungen ihren höchsten Wert im Mai 2022 mit 231,29 und brachen bis Februar 2023 auf 208,55 ein.[5] Über Europace werden nach eigener Aussage 20 Prozent aller Immobilienfinanzierungen für Privatkunden in Deutschland abgewickelt. Zu einem ähnlichen Urteil kam auch das *Handelsblatt*, das Daten von JLL, der FMH-Finanzberatung und andere Marktdaten auswertete. Demnach gingen zwischen drittem und viertem Quartal 2022 auch die Preise von Neubauwohnungen um 6,4 Prozent zurück, und zwar auf 3901 Euro pro Quadratmeter. Bestehende Wohnungen erzielten nur 2916 Euro pro Quadratmeter. Wie gesagt, das sind Durchschnittspreise für ganz Deutschland. Einzelne Lagen weichen und wichen jeweils davon ab. Diese Entwicklung dauerte allerdings nicht lange an – die Verwertungschancen als Kapitalanlage angesichts steigender Mieten sind einfach zu gut. In jedem Fall hat sich jedoch die Marktlage zugunsten von Käufern leicht gedreht, sie sitzen nun am etwas längeren Hebel.

Fundamentale Probleme habe ich aber zu keinem Zeitpunkt gesehen, denn bei der Vermietung ist die Nachfrage extrem hoch, zumindest in Großstädten, und sie wird weiter steigen. Schließlich kann der Wohnungsbau gar nicht Schritt halten. Hinzu kommt, dass Leute, denen die Zinsen zu hoch geworden sind oder die aus anderen Gründen keine Finanzierung stemmen können, in ihren Wohnungen bleiben und diese »blockieren«. Wir haben daher zu keinem Zeitpunkt bemerkt, dass die Preise nennenswert zurückgehen, da weiterhin kräftig vermietet werden kann. Wir hatten und haben kein Problem im Abverkauf. Allerdings muss man heute mehr Eigenkapital einsetzen.

Da, wo die Bewertungen zurückgegangen sind, waren zuvor die Preise möglicherweise übertrieben. Dort war es eine Korrektur. Bei

Immobilien für Eigennutzer haben die Preise durchaus 10 Prozent und teilweise mehr nachgelassen. Diese Zielgruppe ist generell bereit, bei Liebhaberobjekten – die in der Regel vorrangig für Selbstnutzer infrage kommen – mehr zu bezahlen. Durch den höheren Zins ist diese Bereitschaft zum Bonus jedoch gesunken, da sie die Zinsen nicht von der Steuer absetzen können und insofern bei Zinserhöhungen sensibler reagieren. Der Hintergrund bei dieser Klasse von Immobilien ist, dass manche Wohnungen und Häuser aufgrund ihrer Mikrolage und Qualität sehr begehrt sind, um darin selbst zu wohnen. Das sind oft Perlen und da spielt der emotionale Faktor mit hinein. Jeder möchte darin leben, und wenn so etwas auf den Markt kommt, schlägt schnell jemand zu. Da sind oft 20 Prozent mehr drin, während auf der anderen Seite bei solchen Objekten die Mieteinnahmen womöglich nicht ausreichen würden, um den Kaufpreis wieder einzuspielen. Das muss man als Verkäufer jeweils herauskitzeln, und das klappte am besten, als die Zinsen niedrig waren.

Weitere oder gar drastische Preissenkungen hat es aber nicht gegeben – und wird es auch nicht: Jeder Verkäufer weiß, dass Wohnraum extrem begehrt ist und die Mieten weiter steigen. Es gibt deshalb keinen Grund für Zugeständnisse beim Preis – außer jemand hat zeitlichen Druck und muss sein Objekt schnellstmöglich veräußern. Zudem stellt sich dann die Frage: Was macht derjenige dann mit dem Geld? Zwar sind die Zinsen beim Tagesgeld gestiegen, doch liegen sie immer noch weit unter der Inflation. Also kommen nur inflationsgeschützte Sachwerte infrage (dazu im Vergleich der Kapitalanlagen später ab Seite 96 mehr).

»Premiumimmobilien«, also die oberen 10 bis 15 Prozent aus preislicher Sicht, haben sich die ganze Zeit ausgesprochen stabil gezeigt (mit Ausnahme von Frankfurt, wo die Preise für Topimmobilien vorher aus dem Ruder gelaufen waren, vor allem in Luxuswohntürmen). In fast allen der größten sieben deutschen Metropolen war kein nennenswerter Preisrutsch festzustellen – im Gegensatz zur bundesweiten Durchschnittsentwicklung, die auch abgelegene und unattraktive Standorte einschließt.

Aus Vermietersicht sind also die Rahmenbedingungen am Markt hervorragend (damit meine ich aber nicht das politische Umfeld) –, und das begrenzt Preisbewegungen nach unten. Ganz dürfen wir den Preis natürlich nicht außer Acht lassen. Da, wo er übertrieben war, ist er leicht gesunken – eben auf das Niveau, wo sich alles wieder rechnet.

Das bestätigt auch Tobias Just, Immobilienökonom von der Uni Regensburg: »Kaufpreise sollten immer in Relation zu Mieten und Zinsen betrachtet werden. Die Preise sinken umso weniger, je stärker die Mieten steigen und je weniger stark die Zinsen noch zulegen.«[6] Michael Voigtländer, Immobilienexperte beim Institut der deutschen Wirtschaft (IW), meint: »Die Aussichten für Käufer sind derzeit gut.« Abwarten würde sich nur lohnen, wenn die Preise weiter sänken. »Und das wird nur bei Immobilien der Fall sein, in die man noch viel Geld investieren muss, um sie energieeffizient zu machen.«[7]

Daher legten im Frühjahr 2023 die Angebotspreise für Wohnungen bundesweit wieder zu, laut Immoscout24 um 2,3 Prozent. Im Neubau lag das Plus ebenfalls bei 2,3 Prozent. Auch der Europace-Hauspreisindex, der die Entwicklung der Wohnimmobilienpreise in Deutschland abbildet, verzeichnete im Februar einen Anstieg gegenüber dem Vormonat – zum ersten Mal nach sieben Rückgängen in Folge. Damit hat sich der deutsche Immobilienmarkt auch offiziell wieder stabilisiert.

Generelle negative Aussagen zum Markt sind und waren also ganz und gar nicht angebracht: Wie so oft bei Immobilien kommt es auf die Lage an – zumal eine ungebrochene Nachfrage auf ein begrenztes Angebot trifft. Sosehr die Inflation derzeit vieles überschattet, sie ist eines der Hauptargumente für ein Investment, da man sein Vermögen auf diese Weise vor der bislang ungekannt hohen Geldentwertung in Sicherheit bringt. Diesen Aspekt werde ich im Hauptteil beleuchten.

Auch die Deutsche Bank, die permanent den deutschen Immobilienmarkt untersucht und dazu Studien veröffentlicht, sieht die Zweischneidigkeit beim Thema Preis. »Bei den aktuellen Finanzierungskosten müssten die Preise vom Hochpunkt wohl in etwa um 20 Prozent fallen, um wieder einen positiven Cash-Flow zu erzielen. Fünf wesentliche Argumente lassen uns aber nur eine Preisdelle erwarten. Negative Realzinsen, Inflationsschutz durch Immobilien, anziehendes Mietwachstum und am bedeutendsten eine hohe fundamentale Angebotsknappheit. Zudem fielen aufgrund der hohen Inflation die realen Hauspreise bereits sehr kräftig«[8], schreiben die Experten von der Deutschen Bank Research.

Die Motivation bei Investitionen

Bei den Paaren wird der Nachtisch serviert. Sebastian hat sich eine Crema Catalana bestellt, Peter Churros mit heißer Schokolade und die beiden Frauen trinken einen Espresso.

»Wenn ihr allein 7400 Euro Zinsen bezahlt, von der Kredittilgung gar nicht zu reden, dann bleibt doch am Ende gar nichts übrig. Bei der Miete in so einer Kleinstadt kann doch nicht viel rumkommen«, sagt Peter.

Sebastian zückt sein Handy und öffnet die Taschenrechnerfunktion: »Das sind 775 Euro Kaltmiete, dann haben wir noch fünf Stellplätze à 25 Euro, von denen allerdings erst zwei vermietet sind. Macht 825 mal 12, also 9900 Euro. 1008 Euro nicht umlegbares Hausgeld, da sind die Verwalterkosten von 590 Euro schon drin. Dann noch Instandhaltungsrücklage von 272 Euro und die Zinsen von 7400 Euro, das macht also ein Plus von 1220 Euro.«

»Im Jahr, nicht im Monat!«, sagt Peter, als hätte er Sebastian gerade gestellt. »Ob sich der ganze Aufwand lohnt? Außerdem habt ihr ja auch noch Abschreibungen. Sicher so um die 3170 Euro.« Als Ingenieur braucht er keinen Taschenrechner. »Jedenfalls rutscht ihr da voll in die Miesen.«

»Richtig«, erwidert Yvonne. »Rechnerisch mag das auf den ersten Blick so sein. Doch die Abschreibung ist ja nur eine steuerliche

Komponente. Das sind fiktive Kosten, die den Erlös drücken. Auf diese Weise sparen wir sogar Steuern.«

»Außerdem ist es ja nicht ewig so«, ergänzt Sebastian und kratzt den letzten Rest der Crema Catalana vom Teller. »Wir wollen irgendwann davon leben, zumindest leben können. Bis es so weit ist, lassen wir die Mieter und das Finanzamt den Kredit abzahlen.«

Wichtig ist bei diesen Betrachtungen und für dieses Buch immer die Motivation des Käufers – und die Immobilienklasse. Ich schreibe hier über Wohnungen und Mietshäuser. Im Büromarkt hingegen gab es im Frühjahr 2023 eine regelrechte Käuferverweigerung, trotz ebenfalls hoher Nachfrage bei Mietern und gestiegenen Mieten für Toplagen.

Rund 30 Prozent meiner Kunden wollen einen neutralen oder positiven Cashflow aus ihren Investments von Anfang an. 70 Prozent meiner Kunden investieren jedoch aus Gründen der Altersvorsorge beziehungsweise Geldanlage und/oder um später finanzielle Freiheit zu erreichen – was wiederum jeder anders definiert: Einer möchte mit 50 oder 55 Jahren eine abbezahlte Wohnung haben, andere von 40 auf 30 Wochenarbeitsstunden reduzieren oder mit 60 Jahren in Rente gehen. Dieser Gruppe jedenfalls geht es nicht darum, mit Beginn des Investments aus dem Stand Einnahmen zu erzielen, sondern um die mittel- und langfristige Perspektive.

Bei der Investition in Immobilien gibt es also zwei wesentliche Betrachtungsebenen: Die meisten Anleger aus meinem Bereich sehen ein Immobilieninvestment eher als Sparplan zur Altersvorsorge – worin ich sie unterstütze. Sie machen eine 110- oder heute 90-Prozent-Finanzierung und zahlen 30 Jahre monatlich 200 Euro dazu (de facto sinken im Lauf der Jahre aufgrund von Mieterhöhungen die Investitionen; die 200 Euro können wir aber als Durchschnittswert betrachten). Am Ende ist alles abbezahlt und sie haben für 200 Euro × 30 Jahre = 72 000 Euro eine Immobilie im Wert von 400 000 Euro bekommen (steuerliche Effekte sind da noch nicht mal berücksichtigt). Ein negativer Cashflow – der bei dieser Vorgehensweise in den ersten Jahren/Jahrzehnten eingebaut ist – ändert daher nichts an der Attraktivität des Produktes, das sich am Ende auszahlt. Stellen Sie dieser Performance einmal andere Finanzprodukte gegenüber, etwa eine Lebens- oder Rentenversicherung. Darüber hinaus sehen Sie auch bei einer (privaten) Rentenversicherung das Geld erst wieder, wenn Sie das Alter des Auszahlungsbeginns erreicht haben.

Cashflow

Der Cashflow bezieht sich auf den Geldzufluss und -abfluss eines Unternehmens über einen bestimmten Zeitraum. Er ist eine finanzielle Kennzahl, die die tatsächlichen Geldbewegungen eines Unternehmens misst, unabhängig von Gewinnen oder Verlusten.

Negativer Cashflow, und das noch bei niedrigen Mieten – so war es etwa 2015 in Berlin. Die Kaufpreise waren bereits kräftig gestiegen, aber die Mieten stiegen nach wie vor moderat. Rein rechnerisch konnte das kurzfristig nicht funktionieren. Doch langfristig konnte man sich so ein Vermögen aufbauen, zumal die Kaufpreise seitdem weiter emporgeklettert sind – und inzwischen die Mieten bei Neuvermietungen explodiert sind, erst recht nach dem Ende der sozialistischen Mietenpolitik mit dem Mietendeckel, der vom Bundesverfassungsgericht einkassiert wurde.

Hohe Kosten und Zinsen sind gerade für jene mit einem entsprechend hohen Einkommen und Steuerzahlungen kein Problem. Zum einen ergeben sich für sie daraus Steuervorteile und zum anderen sind sie als Gutverdiener im Moment nicht auf einen positiven Cashflow angewiesen. Stattdessen bauen sie auf diese Weise Vermögen auf. Das Entscheidungskriterium ist die Antwort auf die Frage: Ist das ein lohnenswertes Investment? Wie ist die Lage? Wie ist der Zustand des

Hauses und wie steht es mit den Rücklagen, auch in Hinblick auf nötige energetische Sanierungen?

100-Prozent- oder gar 110-Prozent-Finanzierungen sind weitestgehend passé. Für jene mit guter Bonität ist aber ein Eigenkapitaleinsatz von 10 bis 20 Prozent immer noch realistisch. Damit lässt sich nach wie vor ein lohnendes Investment stemmen, wenn der Zustand der Immobilie ordentlich ist. Natürlich müssen wir uns an andere Zeiten gewöhnen. Aber es funktioniert immer noch. Die Attraktivität des Immobilienmarkts ist ungebrochen. 90 Prozent des Kaufvolumens bekommt man bei den entsprechenden Voraussetzungen immer noch gut finanziert. Zwar sind die Zinszahlungen entsprechend hoch, was die Rendite drückt – unter Umständen durchaus ins Minus. Doch wer gut verdient, kann die Ratenzahlungen stemmen und dazu auch ein paar Hundert Euro im Monat dazuzahlen (zusätzlich zu den Mieteinnahmen, die vollständig in die Ratenzahlung gehen, aber für das Bedienen solch eines Kredits oft nicht ausreichen).

Wer die Strategie verfolgt, mehr Cashflow zu erzielen, muss womöglich mehr Eigenkapital investieren oder auf größere Mietshäuser zurückgreifen. Das ist allerdings nicht für jeden machbar und empfehlenswert.

Die Bauwirtschaft

Für Investoren – die ja die Projekte vorfinanzieren müssen – hat sich durch den Zinsanstieg, den Preisdruck und die geringere Nachfrage die Kalkulation und Gesamtschau fundamental geändert; oft mit dem Ergebnis, dass Bauprojekte eingestellt werden. Während ich dieses Buch schreibe, sind deshalb weite Teile der Bauwirtschaft zum Erliegen gekommen. Sowohl bei Wohn- als auch bei Büroimmobilien werden weitestgehend nur noch begonnene Projekte abgearbeitet, ja oft nicht einmal mehr das. Laut dem Spitzenverband der Branche, ZIA (Zentraler Immobilien Ausschuss), wird »praktisch nicht mehr gebaut«.[9] In den ersten Monaten des Jahres 2023 hat sich die Lage am Bau dramatisch verschlechtert; auch weil immer weniger Menschen einen Bauantrag stellten. Es wird nur noch das fertiggestellt, was bereits begonnen worden war.

Die Tageszeitung *Die Welt* sprach gar vom »Kollaps am Bau«.[10] Die negativen Effekte für den Wohnungsmarkt liegen auf der Hand: Es werden viel zu wenige Wohnungen fertiggestellt und das von der Bundesregierung vorgegebene Ziel von 400 000 neuen Wohnungen pro Jahr rückt in weite Ferne. Im Jahr 2022 waren es nur rund 295 300 Wohnungen, demnächst könnten es noch weniger werden, durchaus auch nur 200 000. Das sind viel zu wenige, was sich mittel- und langfristig wiederum preistreibend auf die Mieten auswirken dürfte. Damit wird sich die Lage am Wohnungsmarkt voraussichtlich weiter verschärfen – und sich Vermietung entsprechend lohnen.

Mit 12,7 Milliarden Euro wurden hierzulande im Januar 2023 so wenige Immobilienkredite vergeben wie noch nie seit Beginn der Statistik im Jahr 2003. Im Vergleich mit dem Jahresbeginn 2022 hat sich das Volumen nahezu halbiert, was fatal ist angesichts einer steigenden Einwohnerzahl.

Das einzig Gute daran: Handwerker sind wieder besser verfügbar – und die werden auch nach wie vor dringend benötigt. Dass Bauaktivitäten nämlich nicht komplett einbrechen, liegt zum guten Teil an den harschen Vorgaben für energetische Sanierungen (Dämmung, Isolierfenster, moderne Heizungen, Solarthermie und Photovoltaik). Generell machen Modernisierungen und Instandsetzungen 70 Prozent aller Bauinvestitionen aus, nur 30 Prozent entfallen auf Neubauten. Der Staat in Form von Bund und EU hält Hausbesitzer also auf Trab und zwingt sie zu – teilweise enteignungsähnlichen – Ausgaben. Wer sich darüber freute, seine Immobilien endlich abgezahlt zu haben, dem machten die Grünen und Co. einen dicken Strich durch die Rechnung. Die politischen Diskussionen über die Dimension der Vorgaben dauern an und sind heftig. Ja zeitweise schien es so, als würde die große Koalition darüber zerplatzen.

Das *Handelsblatt* fasst die Lage der Baubranche zusammen und bezeichnet sie als »Albtraum-Baustellen, auf denen alles gleichzeitig schiefgeht: Die gestiegenen Zinsen für Hypothekenkredite erhöhen die Baukosten und drücken zugleich die Kaufpreise, weil sich viele Immobilienkäufer die höheren Monatsraten nicht mehr leisten können oder wollen. Die Nachwehen der Coronapandemie plus die Folgen des Ukrainekriegs sorgen für Materialengpässe. Der Fachkräftemangel trifft die Baubranche besonders hart. Das Einzige, was wie gewohnt vor sich hinstampft, ist die staatliche Bürokratiemühle. Noch immer laufen Genehmigungsverfahren vielerorts zäh und unberechenbar, werden die Baunormen in Deutschland immer komplexer.«[11]

Zins-Stress am Häusermarkt

»Ein Wahnsinn, wie sich das alles rechnet«, sagt Andrea.

»Meinst du die Rechnung hier? Das sind tatsächlich nur 130 Euro. Und das für vier Leute. Unglaublich!«, ruft Yvonne.

»Nein, ich meine eure Rechnung, die Kalkulation für die Wohnung. Ihr zahlt jetzt 4 Prozent Zinsen, statt nur 0,8 vor anderthalb Jahren, und trotzdem geht das alles auf. Faszinierend.«

»Ja, natürlich würden wir auch lieber 1900 Euro Zinsen zahlen statt 7400. Aber es ist nun mal so. Das kann uns doch nicht davon abhalten, weiter unser Portfolio aufzubauen.« Yvonne betont das Wort »Portfolio« extra, da sie sonst solche Fachwörter nicht benutzt. Aber hier am Tisch wissen alle Bescheid.

»Das ist schon verrückt«, pflichtet ihr Sebastian bei. »Wie sich das innerhalb eines Jahres hochgeschaukelt hat. Viele Leute mussten da tatsächlich die Segel streichen; vor allem jene, die laufende Einnahmen erzielen wollten. Aber wir haben uns für das Modell ›Sparplan‹ entschieden. Das passt. Soll ich heute die Rechnung übernehmen? Gestern habt ihr schließlich gezahlt.«

Innerhalb nur eines Jahres hat die Zinswende der großen Notenbanken für Verwerfungen an den europäischen Immobilienmärkten gesorgt. »Schnell steigende Hypothekenzinsen in Kombination mit einer hohen Inflation und sinkenden Immobilienpreisen bringen quer über den Kontinent immer mehr Immobilienbesitzer in Not«, schrieb das *Handelsblatt*.[12]

Das Problem: Es haben sich nicht nur die Finanzierungskonditionen für aktuelle Kaufvorhaben verschlechtert, sondern der enorme Anstieg der Bauzinsen macht eine Anschlussfinanzierung teurer. Wer wenig getilgt hat, steht je nach Finanzierung nach zehn Jahren Laufzeit des Kredits mitunter noch mit 80 Prozent der Schuldsumme da. Diese wird dann üblicherweise umgeschuldet. Doch da sich die Rahmenbedingungen deutlich geändert haben, sind nun wesentlich höhere Raten fällig – sofern die Banken überhaupt die Geschäftsbeziehung fortsetzen. Denn selbst wenn die Einkommenssituation noch dieselbe ist, veranschlagen die Banken durch die Inflation höhere Ausgabenposten. Hinzu kommt, dass die Kreditinstitute den Wert der Immobilien in neuem Licht sehen könnten, sei es wegen der gesunkenen Preise oder auch wegen eines aus politisch-ideologischer Sicht veralteten Heizungssystems. Experten erwarten daher mittelfristig – also wenn die Kredite aus der 1-Prozent-Phase schrittweise auslaufen – drastische Probleme für viele Immobilienbesitzer. Es drohen dann Notverkäufe, Zwangsversteigerungen und Privatinsolvenzen.

Patrik-Ludwig Hantzsch, Leiter der Creditreform-Wirtschaftsforschung, sagte dem *Handelsblatt*: »Jeder wird sich genau überlegen müssen, wie viel finanzielle Belastung er für das Eigenheim ertragen kann oder möchte.« Zudem kämen ja noch steigende Lebenshaltungskosten und eine »kontinuierliche Erhöhung« der Energiekosten hinzu. »Diese Kombination wird für viele Verbraucher zur Überschuldungsfalle werden.«[13]

Eine Beispielrechnung des Immobilienfinanzierers Interhyp zeigt, wie viel mehr Schuldner im Monat berappen müssen: Wer 2013 ein zehnjähriges Hypothekendarlehen über 500 000 Euro mit dem damals durchschnittlichen Eigenkapitalanteil von 93 000 Euro aufgenommen hat, zahlte bei einer Tilgungsrate von 1 Prozent eine monatliche Rate von 1201 Euro. Nach zehn Jahren beträgt die Restschuld zwar nur noch 384 625 Euro – trotzdem wird für die Anschlussfinanzierung bei einem Zinssatz von 3,78 Prozent eine Rate von 1532 Euro fällig, sollte die Tilgung bei 1 Prozent bleiben.[14]

Als Reaktion auf die steigenden Bauzinsen bringen Käufer inzwischen mehr Eigenkapital in ihre Immobilienfinanzierung ein als noch vor einem Jahr. So hat sich laut einer Untersuchung von McMakler der durchschnittlich eingebrachte Eigenkapitalanteil im Vergleich zum Vorjahr um rund vier Prozentpunkte erhöht und lag im Frühjahr 2023 bei rund 20 Prozent.[15] Die Banken bestehen sogar auf einem höheren Eigenanteil bei der Finanzierung, was auch für die Käufer letztlich von Vorteil ist, weil die Finanzierungssumme dadurch kleiner ausfällt.

An dieser Stelle möchte ich kurz auf den wichtigen Unterschied zwischen Eigennutzer und Kapitalanleger hinweisen: Eigennutzer zahlen alles selbst aus ihrem versteuerten Einkommen. Kapitalanleger können die Zinsen von den Mieteinnahmen absetzen, die wiederum meist über die Jahre steigen – und womit sich eine erhöhte Rate abfedern lässt. Bei unseren Kunden wählen wir häufig eine relativ hohe Anfangstilgung, sodass gestiegene Zinsen nach beispielsweise zehn Jahren für Kapitalanleger kein Problem darstellen.

Mieten: Hohe Nachfrage und kaum Neubau

Die beiden Paare sind inzwischen nach Valencia weitergefahren, haben dort am Nachmittag die Stadt erkundet und sind am Abend in ein traditionelles Paella-Restaurant eingekehrt. Yvonne und Sebastian bestellen eine Paella Valenciana mit Meeresfrüchten. Andrea und Peter entscheiden sich für eine vegetarische Variante mit frischem Gemüse. Dazu gibt es heute Tempranillo-Wein. Nachdem die Kellnerin gegangen und der Wein eingeschenkt ist, kommt Peter erneut auf sein Lieblingsthema zu sprechen. Er und Andrea haben ständig Fragen rund um Immobilien. Inzwischen wissen auch sie recht gut Bescheid und können mitreden. Doch gekauft haben sie noch nie, trotz ihrer hervorragenden Finanzlage.

»Habt ihr denn nie Probleme, Mieter zu finden?«, möchte Peter wissen.

»Deutschland wächst. Jedes Jahr kommen eine Million Menschen zu uns. Und der Wohnungsbau kommt gar nicht hinterher. Also, Mieter zu finden – da machen wir uns keine Sorgen«, antwortet Sebastian.

»Ja, bundesweit gesehen vielleicht. Aber auch da, wo eure Wohnungen sind? Wie hieß das Nest noch mal? Waldenburg.«

»Ja, das ist ein gutes Beispiel. Gerade auch dort. Wir hatten von dem Städtchen noch nie gehört. Aber im Landkreis Zwickau gibt es viele Automobilbauer, Volkswagen zum Beispiel, inklusive Zulieferer«, erwidert Sebastian.

Yvonne ergänzt: »Bevor wir eine Wohnung kaufen, schauen wir natürlich, was der Standort hergibt. Klar gibt es auf dem Land 1,7 Millionen leer stehende Wohnungen. Aber wir kaufen ja nicht blind, sondern nur in Großstädten oder Gegenden mit starker Wirtschaft.«

»Und wenn die Mieter einmal drin sind, zahlen die dann auch zuverlässig?«, bohrt Peter weiter nach.

»Wir beziehungsweise der Makler sehen uns auch die Mieter genau an. Der weiß, worauf er achtet, und checkt alle Papiere. Wichtig ist, dass die Miete höchstens 30 Prozent von deren Einkommen ausmacht«, erklärt Yvonne.

»Gleichzeitig schauen wir, dass die Miete stetig steigt, so wie es möglich ist. In alle Verträge haben wir entweder Staffelmieten eingebaut oder Indexmieten. Dann steigen sie direkt mit der Inflation. Vor zwei Jahren war das für die Mieter gut, heute für uns. Es gleicht sich eben immer alles aus im Leben.«

Besonders in den Großstädten wachsen die Mieten im zweistelligen Prozentbereich. Damit hat sich auf dem Wohnungsmarkt die Situation gedreht, wie das *Handelsblatt* feststellt: »Jahrelang kletterten die Preise für Kaufimmobilien deutlich schneller als die Mieten. Nun ist es umgekehrt.«[16] Auch die größte deutsche Wirtschaftszeitung sieht den Grund in den »gestiegenen Finanzierungskosten sowie höheren Preisen für Lebensmittel und Energie«, weshalb die Deutschen weniger finanziellen Spielraum zum Erwerb von Wohneigentum haben. Also werde mehr gemietet, zitiert das Blatt Tobias Hartmann, den Chef des größten deutschen Immobilienportals Immoscout24.[17]

Dabei hatte sich schon 2022 der Mietanstieg deutlich beschleunigt. Laut Immobiliendienstleister JLL stiegen in den acht größten Metropolen – Berlin, Düsseldorf, Frankfurt, Hamburg, Köln, Leipzig, München und Stuttgart – die Angebotsmieten im zweiten Halbjahr 2022 im Durchschnitt um 6,3 Prozent, während sich die Kaufpreise nur um 1,6 Prozent verteuerten.[18] Und im ersten Quartal 2023 ging es in 10 von 14 untersuchten Großstädten weiter. Spitzenreiter ist Berlin, das noch vor gut zehn Jahren junge Leute aus aller Welt wegen seiner Niedrigstmieten anzog. Von November 2022 bis April 2023 haben sich die Angebotspreise bei Neuvermietung um unglaubliche 27 Prozent erhöht: von 9,86 Euro pro Quadratmeter auf 12,55 Euro. Damit ist Berlin zur dritteuersten deutschen Stadt für Mieter avanciert, nach München und Frankfurt. Mitte 2022 lag die Hauptstadt noch im Mittelfeld.[19] Da ist es nur ein schwacher Trost, dass sich bundesweit laut ZIA die Mieten 2022 nur um 5,2 Prozent nach oben bewegten – weniger als die allgemeine Inflation von 7,9 Prozent.[20]

Was bedeutet das gesellschaftlich gesehen? 1,5 Millionen Haushalte in Deutschland gaben im Jahr 2022 für die Kaltmiete 50 Prozent und mehr ihres Nettoeinkommens aus, wie das Statistische Bundesamt berechnete. Der Eigentümerverband Haus und Grund hingegen kam zu dem Schluss, dass sich die Lage für viele Menschen in den vergangenen Jahren entspannt habe, da die Bruttoeinkommen oft deutlich stärker gestiegen seien als die Mieten.[21]

Verantwortlich für die steigenden Mieten ist die hohe Nachfrage, die nicht auf ein entsprechendes und vor allem wachsendes Angebot trifft. Hinzu kommt der eingebrochene Neubau, der die Situation perspektivisch weiter verschärft. Denn laut Immoscout-Chef Hartmann zögen sich neben Privatpersonen »zunehmend auch Projektentwickler aus dem Neubau zurück, weil sie ihre hohen Baukosten nicht durch Verkaufspreise reinholen könnten«, berichtet das *Handelsblatt*: »Da brennt die Hütte«, zitiert das Blatt hierzu den Präsidenten des ZIA, Andreas Mattner.[22]

Unterm Strich profitieren also die Vermieter: Die Mietrendite (das Verhältnis von Kaltmiete zum Kaufpreis) wird wieder besser. Laut Immobilienfinanzierer Baufi24 ist sie im zweiten Halbjahr 2022 in Deutschlands Top-30-Städten um 0,2 Prozentpunkte auf 3,49 Prozent gestiegen.[23] Hier haben sich gleich beide Faktoren zugunsten der Vermieter geändert: Die Kaufpreise sind im Durchschnitt leicht gesunken – im zweiten Halbjahr 2022 um 4,23 Prozent –, während gleichzeitig die Miete gestiegen ist.[24] Die sieben größten deutschen Städte haben es auch bitter nötig, denn die Mietrendite ist hier aufgrund der hohen Quadratmeterpreise eher gering. München beispielsweise kommt gerade einmal auf eine Bruttomietrendite von 2,50 Prozent (Trend leicht steigend) – da bringt inzwischen selbst Tagesgeld mehr. Unter den Metropolen schneidet Köln mit 3,37 Prozent am besten ab, es folgen Stuttgart und Frankfurt mit 3,29 Prozent und 2,98 Prozent.

Definition: Mietrendite

Die Mietrendite berechnet sich aus dem Verhältnis von erzielten Mieteinnahmen und dem investierten Kapital einer Immobilie. Sie gibt damit an, wie rentabel eine Immobilieninvestition in Bezug auf die Mieteinnahmen ist.

Eine häufige Berechnungsmethode für diese Kennzahl ist die Bruttomietrendite, bei der die jährlichen Mieteinnahmen durch den Kaufpreis der Immobilie geteilt werden: Kaltmiete x 12 Monate x 100 / Kaufpreis. Die Bruttomietrendite berücksichtigt jedoch nicht die Ausgaben für Instandhaltung, Verwaltung oder Finanzierung. Eine präzisere Kennzahl ist daher die Nettomietrendite, bei der von den jährlichen Mieteinnahmen die laufenden Kosten wie Steuern, Versicherungen, Instandhaltungskosten und Verwaltungskosten abgezogen werden. Die Nettomietrendite berücksichtigt somit die tatsächliche Rentabilität einer Immobilieninvestition nach Abzug der Ausgaben.

Die Mietrendite ist ein wichtiges Kriterium, um Immobilieninvestments zu bewerten. Für die Gesamtbeurteilung gehören jedoch noch weitere Faktoren wie das langfristige Wertsteigerungspotenzial, anstehende Investitionen und die Nachfrage dazu.

Für Investoren, die auf Cashflow aus sind, sind daher kleinere Städte in puncto Mietrendite wesentlich interessanter. Aufgrund der hohen Nachfrage durch Metropolenflucht sind dort die Kaufpreise deutlich geringer, nicht aber im entsprechenden Maße die Mieten. Bruttomietrenditen von weit mehr als 4 Prozent sind durchaus realisierbar. Im nächsten Abschnitt gehe ich darauf intensiver ein.

Konsequenzen: Wohnungsnot und Käufermarkt

Zusammenfassend lässt sich sagen, dass die Konsequenzen dieser Entwicklung Wohnungsnot und ein Käufermarkt sind. Es werden weniger Wohnungen fertiggestellt als nötig, was wiederum bedeutet, dass ein geringes Angebot auf eine weiter steigende Nachfrage trifft. Dabei suchen die meisten Deutschen aufgrund der steigenden Energiekosten vor allem gut gedämmte und damit energieeffizientere Neubauwohnungen.[25] Doch nicht jeder kann sich eine gut gedämmte Neubauwohnung leisten. Diese sind zudem von der Mietpreisbremse bei der Neuvermietung ausgenommen und werden meist deutlich teurer vermietet.

Wer also kaufen kann und eine Finanzierung bekommt, sollte zuschlagen: Stabile oder mancherorts leicht gesunkene Preise bei gleichzeitig hohen und steigenden Mieten und zunehmender Nachfrage stellen beste Rahmenbedingungen für Käufer dar.

Wo liegen Chancen? Der Aufstieg der B- und C-Städte

Besondere Chancen im Bereich vermietete Wohnimmobilien sehe ich wie gesagt in B- und C-Städten, die lange im Schatten der sieben A-Städte standen. Hier gibt es wirtschaftliches Potenzial, die Mieternachfrage ist ungebrochen und wird sich weiter erhöhen. Daneben besteht in den meisten B- und C-Kommunen sogar ein hoher Nachholbedarf bei der Miethöhe gegenüber den Metropolen.

B-Städte erleben daher ein starkes Comeback. Und dies liegt zum einen an gesellschaftlichen Entwicklungen, aber auch an einer einfachen Kalkulation aus Quadratmeterpreisen von Eigentumswohnungen, der Höhe der Miete und der sich daraus ergebenden Mietrendite. Seit Mitte 2022 gab es hier massive Verschiebungen.

Was sind überhaupt B-Städte? Immobilienmarktexperten meinen damit Städte, die größenmäßig zwischen den sieben deutschen Topmetropolen (den A-Städten) und Klein- und Mittelstädten (darunter viele C-Städte) liegen. Die 14 größten von ihnen – alle haben mehr als 250 000 Einwohner – sind Leipzig, Dortmund, Essen, Bremen, Dresden, Hannover, Nürnberg, Duisburg, Bochum, Bonn, Münster, Mannheim, Karlsruhe und Wiesbaden. Es sind bedeutende Regionalzentren mit viel Kultur und Wirtschaft. Dresden, Hannover und Wiesbaden sind darüber hinaus Landeshauptstädte.

Sie alle wurden jahrelang von den großen Immobilienkäufern vernachlässigt. Die meisten von ihnen haben sich auf die Metropolen konzentriert. Gerade dadurch wurde dort aber die Nachfrage getrieben, sodass die Quadratmeterpreise exorbitant stiegen, während die Mieten nicht mithalten konnten. Trotz ihrer Popularität war also ein Kauf in diesen Städten – wie beschrieben – nicht zwangsläufig profitabel, wenn man auf Cashflow aus war. Gleichzeitig können sich viele A-Lagen-Bewohner dort keine Wohnung mehr leisten und suchen sich nun in den B- und C-Kategorien eine Bleibe.

Ein Entscheidungskriterium für ein Investment ist die bereits erwähnte Mietrendite, also die Jahreskaltmiete im Verhältnis zum Quadratmeterpreis. Und diese sieht, wie geschildert, in den B- und C-Städten deutlich besser aus, viele von ihnen befinden sich in Nordrhein-Westfalen (NRW). Aus den beiden Faktoren Kaufpreis und Miethöhe, oft im Zusammenspiel von beiden, ergibt sich dort nämlich ein erhebliches Marktpotenzial. Das größte Wachstum konnte im Jahr 2022 Duisburg verzeichnen. Hier liegt die Mietrendite bei 5,4 Prozent, was eine Veränderung von unglaublichen 15,6 Prozent zum vorherigen Betrachtungszeitraum ist. Zwar ist die Miethöhe mit 8,16 Euro relativ niedrig, doch diese trifft auf einen ebenfalls mäßigen Quadratmeterpreis von gerade einmal 1817 Euro.[26] Auf dem zweiten Platz rangiert Bielefeld mit einem Anstieg um 12,3 Prozent. Damit hat sich die Durchschnittsrendite auf 4,8 Prozent bewegt. Hier sind die Quadratmeterpreise ebenso gefallen (auf 2411 Euro), gleichzeitig hat sich jedoch die Durchschnittsmiete erhöht (9,73 Euro pro Quadratmeter). Auch in Hannover ist die Mietrendite überdurchschnittlich stark gewachsen, und zwar um 7,6 Prozent. Essen liegt ebenfalls weit über der 4-Prozent-Renditemarke, Tendenz steigend. Dort ist der Quadratmeterpreis zwar stabil geblieben. Allerdings haben sich die Mieten erhöht.[27]

In Städten wie Leipzig (B-Stadt), Salzgitter, Rostock, Bottrop, ja selbst auf dem Land im Einzugsgebiet von Industriebetrieben eine Wohnungsimmobilie zu kaufen (so wie es Yvonne und Sebastian gemacht haben), ist empfehlenswert – in der richtigen Lage und wenn man auf die Spielregeln für Kapitalanlageimmobilien achtet. Mir ist bewusst, dass dies für die Mieter leider steigende Mieten bedeutet. Doch die Kostenfaktoren bei Bestandsimmobilien und vor allem dem Neubau (Material- und Grundstückpreise, Zinsen) können Investoren und Vermieter kaum beeinflussen; zumal viele Posten politisch begründet sind, wozu ich noch kommen werde.

Schauen wir uns – durch die Investorenbrille – einmal die derzeitige Höhe der Miete im größten deutschen Bundesland NRW an: Sie liegt im Durchschnitt bei 7,50 Euro pro Quadratmeter. Mieten und Kaufpreise steigen aber in vermeintlich unattraktiven B-Lagen deutlich schneller als Vergleichsobjekte der A-Lagen. Städte wie Krefeld und Mönchengladbach gehörten jahrelang zu den Stiefkindern am Markt. Heute sind es die mit am stärksten wachsenden Zielmärkte für Privatinvestoren. In Bottrop etwa sind die Mieten binnen eines Jahres um 10 Prozent gestiegen.

Auch in Leipzig, Salzgitter oder Rostock sind Mietwohnungen zuletzt deutlich teurer geworden. Besonders hoch waren die Preisanstiege für Vermietungen in Salzgitter mit 13 Prozent und in Rostock mit 12 Prozent. Auch andernorts stiegen die Kaltmieten innerhalb eines Jahres deutlich – etwa in Kiel um 9 Prozent, in Leipzig um 8 Prozent und in Bremen um 7 Prozent, so die Zahlen des Bundesinstituts für Bau-, Stadt- und Raumforschung (BBSR) für die Bundesregierung. Zum Vergleich: Die Kaltmieten in ganz Deutschland haben sich im Jahr 2022 im Schnitt nur um 3 Prozent verteuert.

Bruttomietrenditen ziehen dann besonders an, wenn sinkende Kaufpreise auf steigende Mieten treffen. Letzteres wird sich fortsetzen, vor allem wegen der immer populärer werdenden Indexmieten (sie steigen eins zu eins mit der Inflation, und zwar ohne Limit) und des starken Zuzugs. Die Kaufpreise allerdings werden wiederum nicht nachgeben. Käufer, Anleger und Vermieter sollten also rasch handeln, um sich manierliche Mietrenditen zu sichern. Als besonders lohnend sehe ich – und die Zahlen bestätigen es – NRW. Es bietet eine der größten Beschäftigungsmöglichkeiten durch den starken Mittelstand, die zweitmeisten DAX-Konzerne und die meisten MDAX-Unternehmen in einem Bundesland. So kann NRW wachsen und sich die Nachfrage nach bezahlbarem Wohnraum erhöhen, was für eine langfristige Steigerung der Immobilienpreise sprechen würde.

Dynamische Regelsetzung – politisch verursachte Kosten

»Also rechnerisch geht ja alles auf: der Kaufpreis, die Finanzierung und vor allem die Miete. Alles nachvollziehbar, so wie ich es von euch gewohnt bin«, setzt Peter wieder an. »Aber was mich völlig verrückt machen würde, gerade als Ingenieur, ist die Politik. Da kann man ja nichts mehr planen. Ständig neue Gesetze und Vorschriften. Das zerschießt doch die ganze Kalkulation.«

»Ja, das ist wirklich nicht schön. Vorschriften fürs Bauen gab es schon immer, aber sie haben in den letzten Jahren überhandgenommen. Man hat kaum noch Planungssicherheit«, antwortet Sebastian.

»Einfach war es ja noch nie, doch was jetzt an Sanierungspflichten und Heizungsvorschriften auf Immobilienbesitzer zukommt, sprengt jede Dimension. In das Risiko möchte ich wirklich nicht gehen«, sagt Peter.

»Es ist schon beängstigend, sollte da alles aus Berlin und Brüssel Realität werden. Mit Bauvorschriften muss ich mich zum Glück nicht beschäftigen, denn wir kaufen ja nur«, sagt Sebastian.

»Aber du musst am Ende alles bezahlen«, wendet Peter ein.

»Beziehungsweise der Mieter«, ergänzt Yvonne. Und sie fügt hinzu: »Unsere Immobilien haben wir ja alle innerhalb der letzten fünf Jahre gekauft. Da lief die Diskussion zu Energie, Klima, Dämmung schon lange. Daher haben wir bereits beim Kauf darauf geachtet, dass die

Objekte einigermaßen zukunftsfest sind – sofern man das bei unserer Regierung überhaupt so sagen kann.«

»Das Pflegeheim in Bremen, wo wir 2019 ein Apartment gekauft haben, hat zum Beispiel KfW-40-Standard, also eine sehr gute Wärmedämmung der Außenwände, Dreischeibenverglasung und erneuerbare Energien. Das Thema ist uns ja nicht egal, als Bürger und Investor. Aber viele Gebäude im Bestand bieten das nicht – und Neubauten sind entsprechend teurer«, berichtet Sebastian weiter.

»Leute, genug mit all diesen tristen Dingen. Die Drinks sind da«, ruft Andrea. Heute verzichten sie auf Nachtisch und Espresso. Stattdessen haben die vier zum Ausklang des Abends – wenn man schon mal in der Stadt ist – Agua de Valencia bestellt, einen klassischen Cocktail aus Orangensaft, spanischem Sekt, Wodka und Zuckersirup.

Sebastian erhebt sein Glas und sagt: »Zum Wohl! Auf Spaniens Sonne. Vergessen wir den deutschen Winter und Heizungssysteme!«

»Wohnen ist ein Grundbedürfnis«, haben SPD, Grüne und FDP in ihrem Koalitionsvertrag festgeschrieben und versprochen, »das Bauen und Wohnen der Zukunft bezahlbar, klimaneutral, nachhaltig, barrierearm und innovativ« zu machen. Alles auf einmal geht aber nicht, denn in die Worthülsen haben sie mit »bezahlbar« auf der einen Seite und »klimaneutral/nachhaltig« auf der anderen einen enormen Zielkonflikt eingebaut. Und alle baurelevanten Entscheidungen der Bundesregierung – vor allem gepusht durch die Grünen – haben nur dazu geführt, dass Bauen und Wohnen teurer, komplizierter und unattraktiver geworden ist.

Die unionsgeführten Vorgängerregierungen (zuletzt war Horst Seehofer Bundesbauminister) haben daran allerdings auch schon kräftig gearbeitet. So sind die Neubaupreise von Wohngebäuden laut Statistischem Bundesamt in den vergangenen beiden Jahrzehnten um 30 Prozent gestiegen – und vorher war es auch nicht gerade günstig. Nach einer Untersuchung der Arbeitsgemeinschaft für zeitgemäßes

Bauen sind die kompletten Gestehungskosten von Mehrfamilienhäusern seit dem Jahr 2000 bis zum dritten Quartal 2020 von 2209 auf 3723 Euro je Quadratmeter gestiegen. Davon seien allein 28 Prozent auf Änderungen von Gesetzen und Normen sowie kommunale Auflagen zurückzuführen.

So heißt es bei der renommierten und zutiefst sachorientiert arbeitenden ARGE im aktuellsten einschlägigen Bericht lapidar: »Über allgemeine Preissteigerungen hinaus führen vor allem gestiegene Qualitätsansprüche und ordnungsrechtliche Anforderungen beispielsweise in Bezug auf Energieeffizienz, Barrierefreiheit, Standsicherheit, Brand- und Schallschutz, Schnee-, Sturm- und Erdbebensicherheit sowie eine Vielzahl von kommunalen Auflagen, insbesondere in den letzten Jahren, zu deutlich erhöhten Kosten im Wohnungsbau. Eine dynamische Regelsetzung sowie das komplexe Gefüge der technischen Norm verhindert, dass vor allem kleine und mittlere Unternehmen Skaleneffekte erzielen können und dadurch produktiver werden.«[28]

Die *Zeit* bringt es auf den Punkt: »16 Bauordnungen für 16 Bundesländer. So ist es kein Wunder, dass laut der Bundesarchitektenkammer beim Bau eines Wohnhauses mehr als 3600 Regeln beachtet werden müssen.«[29]

Teure Regulierung und Vorschriften: Energie, Entsorgung, Bürokratie

Politisch-ideologisch steht über allem der Klimaschutz. Doch für Immobilienwirtschaft und Mieter stellt sich die praktische Frage, ob und wie es »bezahlbar« bleiben kann und was »bezahlbar« heißt. Mathematische und betriebswirtschaftliche Grundgesetze kann schließlich auch die Ampelkoalition nicht aushebeln – das zeigt der massive Baustopp bei Neubauprojekten. Im »Deutschland-Tempo« laufen nur die Investoren weg.

Nach Berechnungen des ZIA sind 37 Prozent des vom Erwerber zu zahlenden Kaufpreises auf direkte staatliche Abgaben und Anforderungen zurückzuführen.[30] ZIA-Präsident Mattner meint dazu: »Explodierende Grunderwerbsteuern, Gebühren, Gewinnabschöpfungsmodelle sowie Vorgaben und Restriktionen verursachen weit mehr als ein Drittel der Kosten. Genau hier sind die Hebel, wenn eine Wende am deutschen Wohnungsmarkt realistisch sein soll.«[31]

Der Staat als Preistreiber durch Vorschriften, Steuern und lange Genehmigungsverfahren könnte mit einigen Federstrichen die Kalkulation günstiger gestalten und damit künftige Mieten absenken. Doch nichts ist bislang davon zu sehen. Dabei wollte die Ampelregierung einen »Bau-, Wohnkosten- und Klimacheck« einführen, wobei Letzteres mit den beiden ersten Punkten in Konflikt steht, ja geradezu einen Kostentreiber darstellt. Die extrem hohen, oft ruinösen Kosten der Klima- und Energiepolitik werden ignoriert, obwohl sie natürlich auch die Mieter betreffen.

Heizungssystem

Das wohl drastischste Vorhaben ist das faktische Verbot neuer Öl- und Gasheizungen ab 2025. Es verursacht nicht nur horrende Ausgaben für Hausbesitzer, sondern stellt sie auch vor schier unlösbare Probleme. Faktisch läuft es in den meisten Fällen auf eine Wärmepumpe hinaus, die hohe Stromkosten mit sich bringt und nur funktioniert, wenn das Haus bestens gedämmt ist und über eine Fußbodenheizung verfügt. All dies kostet Unsummen und Letzteres ist obendrein nur bei Neubauten machbar. Unklar ist auch, wie es in Häusern klappt, in denen jede Wohnung eine eigene Gasetagenheizung hat. Der Ausfall einer heute noch laufenden Gas- und Ölheizung ab 1. Januar 2024 kann damit nicht nur einen Totalschaden des entsprechenden Geräts bedeuten, sondern den Hausbesitzer auch in den finanziellen Ruin stürzen. Zum Zeitpunkt des Redaktionsschlusses war das entsprechende Gesetz noch nicht vom Bundestag verabschiedet worden, die Ampelkoalition diskutierte noch über seine Ausgestaltung.

CO_2-Preis

Die derzeitige Politik vernichtet Wohlstand und schikaniert Hausbesitzer und Vermieter. Dazu gehört auch die Idee der angeblich »fairen Teilung des zusätzlich zu den Heizkosten zu zahlenden CO_2-Preises zwischen den Vermietern einerseits und Mieterinnen und Mietern andererseits.«[32] Was soll daran fair sein, wenn ein Vermieter eine – unter der Merkel-Regierung 2021 erfundene – Steuer für eine andere Person bezahlt, nämlich die CO_2-Steuer für die Energie, die der Mieter verbraucht. Im Januar 2021 wurde diese Steuer eingeführt und für den Anfang auf 25 Euro pro Tonne festgesetzt. Derzeit beträgt sie 30 Euro und soll schrittweise auf 45 Euro im Jahr 2025 steigen. Selbst in der derzeitigen größten Wirtschafts- und Energiekrise der letzten Jahrzehnte wird an dieser zusätzlichen Belastung von Bürgern und Wirtschaft festgehalten. Zumindest hat die aktuelle Koalition die Erhöhung auf 35 Euro für 2023 ausgesetzt, sie liegt nach wie vor bei 30 Euro. Für das Jahr 2026 soll ein Preiskorridor von mindestens 55 und höchstens 65 Euro gelten.

Für die »faire Teilung« des CO_2-Preises ist – wie sollte es anders sein – ein bürokratisches Monstrum installiert worden: ein Modell mit nicht weniger als zehn Kategorien, je nach energetischem Zustand des Hauses. Bei Immobilien mit sehr hohem CO_2-Ausstoß pro Quadratmeter sollen Vermieter 95 Prozent des CO_2-Preises übernehmen; bei sehr niedrigen Emissionen müssten die Mieter die Ausgaben allein tragen. Das detailversessene Konzept soll Vermieter zu energetischen Sanierungen bewegen – die schnell mehrere Zehntausend Euro kosten können. Neben der finanziellen Belastung kommt auch noch der Aufwand der Berechnung der jeweiligen CO_2-Mengen und CO_2-Kosten hinzu.

EU-Gebäuderichtlinie

Hausbesitzer waren im Frühjahr 2023 gerade dabei, die brutalen Pläne von Bundesregierung und Bundeswirtschaftsminister Robert Habeck (Die Grünen) zu Gas- und Ölheizungen zu verdauen, da kam die nächste Hiobsbotschaft: Das EU-Parlament stimmte Mitte März 2023 strengeren Anforderungen an die Energieeffizienz von Gebäuden zu (EU-Gebäuderichtlinie). Was zunächst sinnvoll klingt, bedeutet: Bis 2030 sollen Wohngebäude mindestens die Energieeffizienzklasse »E«, bis 2033 die Energieeffizienzklasse »D« erreichen – was einmal mehr nur durch massive Investitionen zu erreichen ist. Der Verband Haus & Grund befürchtet Investitionen von 150 000 Euro bei einem betroffenen Einfamilienhaus. Bei Mehrfamilienhäusern wäre es entsprechend mehr.

Vergegenwärtigt man sich die finanziellen und gesellschaftlichen Dimensionen des Vorhabens, ist man sprachlos. Millionen von Eigentümern müssen in den nächsten Jahren eine grundlegende energetische Sanierung ihrer Gebäude vornehmen – egal, ob sie es wollen oder nicht. Der Staat entscheidet, dass sie die Fenster austauschen, neue Solaranlagen einbauen oder Dachboden und Fassade dämmen. Das Vorhaben ist Teil des sogenannten Green Deal, eines der Lieblingsprojekte der EU-Kommissionsvorsitzenden Ursula von der Leyen (CDU). Geht das »Projekt Kostenhammer« durch die nationalen Parlamente, müssen schon Ende des Jahrzehnts jene Häuser einen höheren Energiestandard erreichen, die in den schlechtesten Energieklassen eines Landes eingeordnet sind. Womöglich parallel zum Einbau eines neuen Heizsystems. Wer dachte, seine Immobilie sei abbezahlt und die Vermietungskalkulation stehe, könnte vom Gesetzgeber eines Besseren belehrt werden.

Wie teuer die EU-Sanierungspflicht bei Mehrfamilienhäusern dann ausfällt, kann man nur schätzen. In jedem Fall sollte man schon einmal anfangen zu sparen: Der Vorsitzende des Eigentümerverbandes Haus & Grund Deutschland, Kai Warnecke, rechnet mit Kosten von 1000 bis 1500 Euro pro Quadratmeter. Bei den rund 2,3 Millionen Ein- und Zweifamilienhäusern sowie den 100 000 Mehrfamilienhäusern, die bis Ende des Jahrzehnts sanieren müssen, fallen laut Arbeitsgemeinschaft für zeitgemäßes Bauen (ARGE) zusammen rund 17,2 Milliarden Euro an.

Die Dimensionen sind gewaltig, ja sprengen zum Teil jede Vorstellungskraft: Nach Daten der ARGE fielen im Jahr 2020 bei den Eigentumswohnungen 32 Prozent oder eine Million Wohnungen, bei den Mietwohnungen 31 Prozent oder 6,1 Millionen Wohneinheiten in die Energieeffizienzklassen E bis H (nach deutscher Energieklasseneinteilung, die sich von der EU leicht unterscheidet). Vor allem diese Gebäude werden damit vom geplanten Sanierungszwang bis zum Jahr 2033 erfasst. Überdurchschnittlich viele davon befinden sich in Ostdeutschland. Fast die Hälfte (48 Prozent) der vom Kreditvermittler Interhyp in den Jahren 2021 und 2022 finanzierten Immobilien müsste in den nächsten Jahren saniert werden, da sie in der Energieeffizienzklasse F, G und H einzuordnen sind.[33] Um Deutschland bis 2045 klimaneutral zu machen, wäre es laut einer Analyse der Beratungsgesellschaft EY nötig, noch etwa 80 Prozent aller Gebäude zu sanieren. Allein bei Wohngebäuden seien Sanierungskosten von rund 3 Billionen Euro nötig.

Dabei hat man offenbar einmal mehr vergessen, dass bei Mietshäusern die Vermieter die Kosten an die Mieter weitergeben – und die Jahresmiete um 8 Prozent der Modernisierungskosten erhöhen. Bei 150 000 Euro pro Wohneinheit macht das rechnerisch 12 000 Euro zusätzlich, jedoch darf die Miete wegen Modernisierungen nur um maximal 3 Euro je Quadratmeter innerhalb von sechs Jahren steigen. Vermieter werden somit auf dem Großteil der ihnen auferlegten Kosten sitzen bleiben oder jede andere sich bietende Gelegenheit zur Mieterhöhung nutzen.

Ganz klar: Eigentümer und Mieter werden von den Sanierungskosten überfordert sein. Der renommierte Politikwissenschaftler Prof.

Jürgen W. Falter von der Uni Mainz sieht sogar »sozialen Sprengstoff«. Widerstand regt sich ausgerechnet in der sonst kostentreibenden Bundesregierung. Bundesbauministerin Klara Geywitz (SPD) sagte: »Ich persönlich halte das auch mit dem Grundgesetz nicht für vereinbar, dass man per Gesetz einen Sanierungszwang macht.«[34] Das sei »ein absolut harter Eingriff in die Eigentumsrechte der Hausbesitzer« und »unverhältnismäßig«.

Werden die radikalen EU-Pläne Wirklichkeit, dürften unzählige Hausbesitzer wohl zu dem Schluss kommen, dass sich eine Sanierung nicht lohnt; sofern die Bank ihnen überhaupt einen Kredit gewähren würde. Sie können sich dann aussuchen, welchen finanziellen Tod sie sterben – den durch Habecks Heizungsverordnung oder die Abrissbirne aus Brüssel. So sagte denn auch Haus-&-Grund-Präsident Warnecke vor anderthalb Jahren bei der ersten Präsentation des EU-Projekts: »Für viele Gebäude der Energieklassen F und G wird eine Sanierung keine Option sein, der Ersatzneubau mindestens 1200 Milliarden Euro kosten. Für unzählige private Eigentümer beendet die EU damit den Traum von den eigenen vier Wänden.«[35] Er äußerte starke Zweifel, ob sich die energetischen Mindestanforderungen bei vielen Gebäuden überhaupt technisch umsetzen ließen und ausreichend handwerkliche Ressourcen zur Verfügung ständen. Die Ziele seien in den kurzen Zeiträumen kaum zu erreichen.

Nachdem Politiker, Lobbyisten, ja selbst Mieterverbände auf die Barrikaden gegangen sind, möchte die EU nun einen Kompromiss mit den Mitgliedstaaten finden – sofern die Gebäuderichtlinie überhaupt gesetzeskonform ist. Denn selbst Bundesjustizminister Marco Buschmann (FDP) meldete Zweifel an der rechtlichen Machbarkeit der Richtlinie an: »Ich halte das für einen schwer zu rechtfertigenden Eingriff in das Eigentumsrecht, das ja auch von der Grundrechtecharta der EU geschützt wird.«[36]

ZIA-Präsident Mattner sagte daher auch bei der Vorstellung des Jahresgutachtens der Immobilienweisen 2023, Investitionen in der

Wohnungswirtschaft seien so unattraktiv wie seit vielen Jahren nicht. Drastische Steigerungen bei den Baupreisen und den Zinsen hätten in den zurückliegenden Monaten Projektkalkulationen oft »regelrecht zerbröseln« lassen. Das gipfelte in dem bereits erwähnten Urteil: »Da brennt die Hütte.«[37]

Selbst wenn die Pläne alle umgesetzt und verabschiedet werden, bleibt die große Frage, wie der Staat alle Objekte kontrollieren will. Zuletzt hatte Habeck die Idee, dass Schornsteinfeger Informationen weitergeben müssen, also wie eine Art Sanierungspolizei agieren sollten. Hier haben die Verbände der Schornsteinfeger bereits heftig Kritik geübt und den Plänen Habecks widersprochen. Zusätzlich soll es Härtefallbetrachtungen geben, womit man von der Sanierungspflicht ausgenommen wäre. Wer diese Anträge – angesichts einer heute schon überlasteten Verwaltung – bearbeiten soll, ist ebenfalls noch unklar.

Natürlich ist es sinnvoll, energieeffizient zu sanieren. Doch die Politik sollte nicht nur die Verbotsbrille aufhaben, sondern vielmehr Anreize setzen, beispielsweise durch Steuervorteile und KfW-Programme.

Es bleibt nicht aus, dass sich bei einem so gewichtigen Kostenfaktor das Thema Energie auch auf die Hauspreise auswirkt. So schreibt die Deutsche Bank: »Politisch und gesellschaftlich rücken die CO_2-Emissionen von Gebäuden immer stärker in den Fokus. In den letzten Quartalen divergieren bereits die Preise zwischen Objekten mit niedrigen und hohen Emissionen. Da das Angebot an energetisch sanierten Gebäuden knapp bleiben dürfte, die Nachfrage aber sowohl aufgrund regulatorischer Vorgaben als auch der zunehmenden gesellschaftlichen Bedeutung steigt, erwarten wir langfristig eine noch höhere Preisdivergenz.«[38]

Geringe Eigentumsquote – hausgemacht durch hohe Steuern und Abgaben

In den eigenen vier Wänden zu leben, zählt zu den größten Wünschen der meisten Menschen weltweit. Jedoch ist die Eigentumsquote hierzulande mit knapp 42 Prozent so niedrig wie fast nirgendwo sonst in Europa. Dabei ist es paradox: So kritisch eine geringe Eigentumsquote wegen der damit offenbar verbundenen schlechten Rahmenbedingungen zur Vermögensbildung zu sehen ist, aus Vermietersicht ist das positiv zu bewerten. Schließlich gibt es dann umso mehr potenzielle Mieter.

Die Eigentumsquote beschränkt sich dabei nicht auf die Eigennutzung. Vielmehr beschreibt sie den Anteil der privaten Haushalte mit Haus- und Grundbesitzvermögen – ob selbst bewohnt oder vermietet. Innerhalb Europas liegt die Quote nur in der Schweiz noch etwas niedriger als in Deutschland. 36 Prozent sind es sogar nur in Deutschlands Osten. Könnte all dies vielleicht auch an den gewaltigen Kaufnebenkosten liegen, die europaweit ihresgleichen suchen?

In den Sonntagsreden der Politik hat die Bildung von Immobilieneigentum einen festen Platz, doch sie tut das komplette Gegenteil: Die Politik dreht kräftig selbst an der Kostenschraube. Der größte Posten ist die Grunderwerbsteuer, die je nach Bundesland explodiert ist. Stolze 6,5 Prozent vom Kaufpreis zahlen Käufer in Brandenburg, Thüringen, Nordrhein-Westfalen, Schleswig-Holstein und im Saarland, wenn sie Grundstücke und Immobilien erwerben. Hamburg und Sachsen haben sogar erst jüngst den Grunderwerbsteuersatz erhöht. Seit Anfang 2023 gelten in beiden Bundesländern 5,5 Prozent. Sachsen hat allerdings besonders drastisch erhöht. Vorher waren nur 3,5 Prozent fällig. Diesen Spitzenplatz hat jetzt allein Bayern inne.

Für eine angenommene Eigentumswohnung in Düsseldorf im Wert von 500 000 Euro – für die man derzeit im Durchschnitt gerade einmal 104 Quadratmeter erhält (4780 Euro pro Quadratmeter) – müsste man damit fast 12 Prozent an Kaufnebenkosten zahlen (siehe Kasten). Unglaubliche 58 000 Euro kommen also auf den Kaufpreis obendrauf – ein Posten, den so gut wie keine Bank finanziert und für den es keinen angemessenen Gegenwert gibt.

Die Grunderwerbsteuer ist das größte Problem. Sie verschlingt das Eigenkapital von vielen Immobilienverkäufern und ist meist nicht über die Bank finanzierbar. Wenn man sie schon nicht abschafft oder senkt, sollte sie wenigstens für Familien und/oder Erstkäufer verringert oder hinfällig werden. Dazu gibt es verschiedene Ideen, denn Eigentumsbildung soll schließlich attraktiver werden.

Kaufnebenkosten am Beispiel einer Eigentumswohnung für 500 000 Euro in Düsseldorf

Kaufpreis		500 000 Euro
Grunderwerbsteuer	6,5 Prozent	32 500 Euro
Makler	3,6 Prozent	18 000 Euro
Notar und Grundbuchkosten	1,5 Prozent	7500 Euro
Nebenkosten gesamt	11,6 Prozent	58 000 Euro

Wenn es nicht um die eigene Kasse geht, sorgt die Politik durchaus für Einsparungen. So wurden Ende 2020 neue gesetzliche Regeln bei der Maklerprovision eingeführt, die zumindest Käufer entlastet. Nun wird die Courtage zwischen Verkäufer und Käufer geteilt. Allerdings sind die Effekte je nach Bundesland verschieden, da sich in der Vergangenheit unterschiedliche Sätze und Gepflogenheiten ausgebildet hatten. In weiten Teilen Deutschlands wurde die Gebühr schon zuvor geteilt, in Berlin beispielsweise aber erst seit Ende 2020. So sank in der Hauptstadt die Maklercourtage für Käufer von 7,14 auf 3,6 Prozent, bundesweit sogar auf 3,5 Prozent.

Heute ist dieser Posten sogar frei verhandelbar, da der bestellende Verkäufer den Preis mit dem Immobilienmakler vereinbart. Sie werden verstehen, dass ich an dieser Stelle nicht ganz unvoreingenommen bin. Manche Onlineplattformen werben gar mit nur knapp 2 Prozent, was bei unserem Beispiel 10 000 Euro ausmachen würde, also eine Einsparung von 8 000 Euro bedeutet. Noch günstiger wird es, wenn es der Verkäufer ganz ohne Makler versucht. (Ich sage dazu aus tiefstem Herzen: Viel Erfolg!)

Grundbucheinträge sind ebenfalls kostenpflichtig. Wer denkt, dafür zahlt man doch die Grunderwerbsteuer, liegt leider falsch – so verständlich dieser Wunsch nach einem handfesten Gegenwert ist. Doch so funktionieren Steuern ja nicht. Für Grundbucheinträge – Eintragung der Auflassungsvormerkung, der Grundschuld und des Eigentümers – werden daher noch einmal rund 2000 Euro fällig.

Wie hoch nun wiederum die jüngst reformierte Grundsteuer ausfallen wird, die jährlich fällig wird, weiß momentan noch niemand. Bis Ende Januar 2023 musste man seine Grundsteuererklärung abgeben. Kritiker befürchten, dass die Reform von den Kommunen dazu genutzt wird, kräftig ihre Einnahmen zu erhöhen. Dabei wurde den Bürgern zuvor versprochen, dass sie unterm Strich kostenneutral ausfallen werde. Doch das war die Bundespolitik, die dieses Versprechen gratis abgeben konnte, der Grundsteuerhebesatz wird von jeder Gemeinde und Stadt selbst bestimmt.

So oder so, es sind bereits Musterklagen anhängig. Auch gegen das Bundesmodell, das in elf Bundesländern gilt, gibt es verfassungsrechtliche Bedenken. Daher empfehlen viele Experten, vorsorglich Einspruch beim Finanzamt einzulegen, wenn der Bescheid eintrifft. Der endgültige Bescheid der Kommune – der in der zweiten Jahreshälfte 2024 im Briefkasten liegt – lässt sich nämlich nicht mehr anfechten. Erst dieser Grundsteuerbescheid begründet ab Januar 2025 eine Zahlungsverpflichtung. Und wie hoch diese ausfällt, darauf warten wir alle gespannt.

Eine andere wesentliche Steuer dürfen wir auch nicht vergessen: die Erbschaftsteuer. Auch an dieser Steuerschraube wurde gerade wieder gedreht – natürlich nicht zu Ungunsten des Staats. Eine Neuregelung Anfang 2023 führte nämlich zu einer höheren Wertermittlung – und dies vor dem Hintergrund der in den vergangenen Jahren drastisch gestiegenen Preise für Immobilien. Zwar gibt es für Ehegatten und Kinder hohe Freibeträge von 500 000 und 400 000 Euro. Bei Immobilien sind diese allerdings schnell ausgeschöpft, erst recht bei Mietshäusern. Dann werden je nach Konstellation, Steuerklasse und Wert durchaus 15 bis 19 Prozent Erbschaftsteuer fällig, bei Werten von 13 Millionen Euro und 26 Millionen Euro sogar 23 oder 27 Prozent. Kein Wunder, dass die Regelung für große Unruhe bei Immobilienbesitzern, (potenziellen) Erben und Verbänden sorgte. Denn da die Freibeträge nicht mitgestiegen sind und seit 2009 wie festgewachsen scheinen, drohen nun drastische Steuererhöhungen. Lediglich 200 Quadratmeter Wohnfläche sind steuerfrei, wenn ein Erbe mindestens zehn Jahre nach dem Erbfall in der Immobilie wohnt. Bei einem geerbten Mietshaus hilft das wenig.

Für die höhere Bewertung sorgen die geänderten Bewertungsfaktoren, und diese trifft alle Immobilienarten: selbst genutzte Wohnungen und Häuser, vermietete Objekte und auch Betriebsgrundstücke. Das Kernproblem: Die Immobilienwerte haben in den vergangenen Jahren stark angezogen. Je nach Wert kann nun sogar auch die nächste Progressionsstufe erreicht werden. Viele werden sich die Steuer nicht leisten können. Schließlich hat man kein Bargeld, sondern ein Haus geerbt, in das womöglich schon lange nichts mehr investiert wurde – oder in dem das Heizsystem erneuert werden muss. Der einzige Ausweg ist dann ein Verkauf.

Das waren insgesamt viele negative Aspekte. Warum sollte man dennoch in Immobilien investieren und weshalb kann das ein enormer Turbo zum Vermögensaufbau sein? Das erfahren sie in den folgenden Kapiteln.

Mietenpolitik und gesellschaftliches Klima: Heftiger Gegenwind für Vermieter

Die beiden Paare hat es inzwischen ans andere Ende Spaniens verschlagen, nach Sevilla. Hier besuchen sie das »El Tablao Flamenco«, wo sie eine Flamenco-Vorstellung erleben. Als die Darbietung vorbei ist – nein, keine Bange, sie werden sich nicht genau in solch einem Moment so prickelnden Themen wie Mietpreisbremse, Mietspiegel, kommunales Vorkaufsrecht oder Milieuschutzgebieten hingeben –, genießen sie eine Auswahl an Tapas und stoßen mit Sangria und Cruzcampo-Bier an.

Am nächsten Tag allerdings greift Peter den Gesprächsfaden wieder auf. Er liegt mit Sebastian am Hotelpool. Die beiden Frauen sind in die Stadt gegangen.

»Es gibt ja nicht nur Tausende Bauvorschriften, sondern auch so viele Regeln zur Miete. Das ist ja schön für uns als Mieter, die wir ja alle sind. Aber engt dich das nicht ein? Die Politik ist ja eher mieterfreundlich.«

»Da, wo ich investiert habe, geht es. In Düsseldorf, Krefeld, Leipzig und selbst in Waldenburg gibt es Mietspiegel, die die Miethöhe regeln. Das sind zwar Bürokratieungeheuer, aber wenn man da einmal durchblickt, kommt man damit klar. Doch auch hier wird es langsam übertrieben mit der Regulierung, werden Vorschriften …«

»So wie in Berlin ...?«

»Ja, genau. Da hatten die rot-grün-roten Senatsparteien bis zu ihrer Abwahl alle Folterwerkzeuge rausgeholt, die man sich vorstellen kann. Hinzu kamen noch die unsägliche Enteignungsdebatte und der Volksentscheid, der sogar erfolgreich war. Das gesellschaftliche Klima dort ist ziemlich vermieterfeindlich, auch weil einige Medien das befeuern. Zum Glück habe ich um Berlin einen großen Bogen gemacht, auch auf Anraten Florians.«

»Gut so! Das Schlimmste war ja der Mietpreisdeckel.«

»Ja, und vor allem begreifen es diese Parteien nicht: Alles, was Vermieter einengt und Vermieten unattraktiv macht, schadet am Ende den Mietern.«

Die meisten Wohnungen – so erwartet es auch der Staat – sollen von der Privatwirtschaft gebaut und vermietet werden. Kommunale Wohnungen machen nur rund 10 Prozent des Markts aus (2,3 Millionen). Eine ähnliche Größenordnung haben Genossenschaftswohnungen: Es gibt 2,2 Millionen Wohnungen bei 2000 Genossenschaften bundesweit. 60 Prozent der deutschen Wohnungen werden wiederum von 3,9 Millionen Kleinvermietern vermietet, nicht von Unternehmen oder Wohnungskonzernen. Für sie stellen Wohnungen einen wichtigen Teil der Altersvorsorge und zusätzliche Einnahmen dar.

Dennoch wurden angesichts der – stark vom Staat verursachten – Wohnungsnot und steigenden Mieten die privaten Vermieter zum Feindbild gemacht und Bürger gegen sie aufgehetzt; auch durch die Medien und die Politik. Etliche Gesetze und Verordnungen zur Miethöhe drangsalieren zudem alle, die Wohnraum schaffen oder vermieten wollen. Gleichzeitig wundert sich die Politik, warum die ehrgeizigen Ziele von 400 000 neuen Wohnungen pro Jahr nicht eingehalten werden.

Statt bei den privaten Vermietern immer weiter die Daumenschrauben anzuziehen, sollte die Bundesregierung den privaten Vermietern mit offenen Armen und alternativen Anreizsystemen begegnen; zumal in den vergangenen Jahrzehnten verschiedene Bundesländer gezeigt haben, dass sie selbst nicht in der Lage sind, gute Wohnungspolitik zu betreiben – allen voran Berlin. Im Jahr 2004 hatte Berlin große Teile des kommunalen Wohnungsbestandes verkauft, darunter die GSW mit 65 000 Wohnungen für 400 Millionen Euro. (Später wurde die Deutsche Wohnen Eigner der GSW.) Anderthalb Jahrzehnte danach kaufte Berlin einen Teil der Immobilien zum Vielfachen des Preises zurück, so etwa 2019 durch die landeseigene Wohnungsbaugesellschaft Gewobag. Sie erwarb knapp 6000 Wohnungen aus den 2004 privatisierten GSW-Beständen. Ein schlechtes Geschäft: Wurden 2004 rund 550 Euro pro Quadratmeter erlöst (in Preisen von 2019: 645 Euro), kaufte man sie für 2850 Euro pro Quadratmeter zurück.[39]

Dies ist zwar ein Buch, das Lust darauf machen soll, Immobilien zu erwerben, ein Geschäftsmodell darauf aufzubauen und Einnahmen zu generieren. Doch wir sollten nicht die Augen vor den gesellschaftspolitischen Schattenseiten verschließen.

Politische Eingriffe: Mietpreisbremse, Vorkaufsrecht, Milieuschutzgebiete

Mit einer Vielzahl von – natürlich immer »gut gemeinten« – Vorschriften und Gesetzen möchte die Politik in Land und Bund Mieter schützen. Sie erreicht damit aber oft das Gegenteil. Denn alle Maßnahmen machen Vermieten unattraktiver und viele davon verknappen obendrein das Angebot – mit der bekannten Folge. Auch die aktuelle Bundesregierung möchte laut Koalitionsvertrag »die geltenden Mieterschutzregelungen evaluieren und verlängern. In angespannten Märkten werden wir die Kappungsgrenze auf elf Prozent in drei Jahren absenken. Wir verlängern die Mietpreisbremse bis zum Jahre 2029.« Das ist für Mieter erfreulich und es dürfte in bestimmten

Fällen auch seine Berechtigung haben. Aber auch diese Dinge werden nicht dazu führen, dass mehr gebaut und vermietet wird.

Besonders verheerend war der Unterschied zwischen »gut gemeint« und »gut gemacht« in Berlin. Da ist der rot-grün-rote Senat, der im Frühjahr 2023 nach den Wiederholungswahlen abgelöst wurde, bekanntlich mit der verfassungswidrigen Idee eines Mietendeckels baden gegangen. Zwischenzeitlich hatten die Mieter zwar davon profitiert. Aber am Ende mussten sie das zu wenig gezahlte Geld dem Vermieter doch überweisen. Hinzu kam, dass viele Vermieter, solange der Mietendeckel galt, frei werdende Wohnungen vom Markt genommen und nicht angeboten haben. Das ist ein klassischer Effekt, der von Ideologen gern ignoriert wird.

Eine besondere Berliner Spezialität, obwohl bundesweit möglich, sind die mehrere Dutzend »Milieuschutzgebiete«, juristisch korrekt: »Soziale Erhaltungsverordnungen«. Sie machen einmal mehr nicht nur Vermietern das Leben schwer, sondern führen dazu, dass auch in zentralen Szenebezirken und schicken Gründerzeithäusern die dort lebenden Gutverdiener für wenig Geld wohnen können, weit unter dem Berliner Durchschnitt.

Dreh- und Angelpunkt eines Milieuschutzgebiets ist es, Modernisierungen zu verhindern, damit die Miete nicht oder nur kaum erhöht werden kann. Angesichts künstlich reduzierter Mieten lohnt sich das Vermieten dort kaum noch. Doch auch gesellschaftlich verursachen Milieuschutzgebiete Nachteile: Da das Preis-Leistungs-Verhältnis aus Sicht der Mieter spitze ist, ist für sie ein Umzug völlig unattraktiv. Mehr noch: Ist ein Umzug unumgänglich oder gehört zur persönlichen Lebensplanung, wird die Wohnung oft zusätzlich gehalten. Sie steht dann leer oder wird lukrativ untervermietet.

Der Volkswirt und ehemalige Wirtschaftsweise Bert Rürup sagte dazu im *Handelsblatt*: »Will die Bundesregierung das Wohnraumproblem dauerhaft lösen, so wird ihr nichts übrig bleiben, als mehr ›Angebotspolitik‹ zu betreiben. Mietpreisbremsen und höheres Wohngeld sind bei vielen Wählern zwar populär. Allerdings verschärfen solche Hilfen das Problem, da sie die Mietkosten kurzfristig zwar dämpfen, aber gleichzeitig bei den Begünstigten nachfragesteigernd wirken. Das Nachsehen haben all jene, die gar keine Wohnung haben [...].«[40] Auch der ZIA und mit ihm insgesamt 17 Branchenverbände fordern »einen Mentalitätswechsel: Weitere Verschärfungen des Mietrechts verbieten sich. Insbesondere im frei finanzierten Segment braucht es eine Akzeptanz der Tatsache, dass Mieten auch steigen können, wenn die Rahmenbedingungen es erforderlich machen. [...] Die Mietpreisbremse hat sich als kontraproduktiv erwiesen – sie ist weder wirtschaftlich noch rechtlich sinnvoll.«[41]

Bauwirtschaft und Vermieter als Sündenbock

Obwohl die Bundesbauministerin Klara Geywitz (SPD) beim Erreichen ihrer politischen Ziele voll und ganz auf die Bauwirtschaft angewiesen ist, schoss sie diese bei einer Bundestagsdebatte über die Krise am Wohnungsmarkt im Februar 2023 scharf an: »Das Büro für Technikfolgenabschätzung beim Deutschen Bundestag bescheinigt der Baubranche eine verhältnismäßig niedrige Produktivitätsentwicklung und eine geringe Innovationstätigkeit.«[42] Sie zitiert: »Dort heißt es: ›Die Art und Weise, wie Bauwerke errichtet werden, ist in den letzten Jahrzehnten im Wesentlichen gleich geblieben. Mauerwerk und Beton bilden nach wie vor die hauptsächlichen Baustoffe. Und: Auch an der auf den Baustellen eingesetzten Maschinentechnik hat sich in den letzten 10 bis 15 Jahren kaum Grundlegendes geändert. Ich frage Sie: Fällt Ihnen noch eine andere Branche ein, in der es so ist, dass sich in den letzten 15 Jahren die Produktionstechnik nicht verändert hat? Nein!«[43]

Die Branche reagierte aufgebracht, so auch Tim-Oliver Müller, Hauptgeschäftsführer der Deutschen Bauindustrie (HDB) gegenüber dem *Handelsblatt*: »Keine andere Industrie in Deutschland werde so massiv in ihrem Planungs- und Produktionsprozess reguliert und eingeschränkt wie der Bau. Der Branche deshalb mangelnde Produktivität als alleinige Ursache vorzuwerfen, sei ›ein Treppenwitz‹.«[44]

Der Schlagabtausch passt ins Bild. Obwohl die Politik in Bund, Land und Kommunen alles dafür getan hat, Wohnraum zu verknappen, Bauen unattraktiv zu machen und Mieten zu verteuern, spielt sie ein altbekanntes Spiel: Sie schiebt anderen den Schwarzen Peter zu. Je nach Stadt und Bundesland müssen beim Neu- oder Umbau Aufzüge eingebaut, Solaranlagen auf dem Dach installiert und nicht nur Pkw-, sondern auch Fahrradstellflächen geschaffen werden. Will man beispielsweise das Dachgeschoss mit zwei Wohnungen ausbauen, braucht man mancherorts eine Feuerwehrzufahrt für 100 000 Euro. Einheitliche Standards gibt es dabei nicht. So ist in jeder Landesbauordnung die Höhe der Frontseite von Balkonen anders geregelt. Wer als Projektentwickler in verschiedenen Bundesländern arbeitet, zieht daraus keinerlei Größenvorteile, die er gegebenenfalls preisminimierend an die Käufer weitergeben kann.

Hinzu kommt, dass die Verwaltung vor Ort Bauherren und Projektentwicklern das Leben schwer macht. Eine verstaubte und weitestgehend analoge Verwaltung, Ideologen im Bauamt und undurchsichtige Praktiken bei Grundstückstransaktionen verhindern oder verkomplizieren ebenfalls viele Projekte. Nicht nur in Berlin, sondern auch anderswo läuft die Vergabe von Flächen für den Wohnungsbau nur schleppend. Und auf die Genehmigung zum Bauen wartet man ein Jahr oder länger, was nicht nur dem Projektentwickler schadet, sondern je nach Gewerk drastisch gestiegene Preise verursacht – die weitergereicht werden.

Der Berliner Mietendeckel – der im März 2021 vom Bundesverfassungsgericht einkassiert wurde – galt in Berlin für 1,5 Millionen Wohnungen, fror Mieten rückwirkend ein und hat sie für 340 000 Wohnungen sogar abgesenkt. Zentrales Kriterium war das Baujahr der

Immobilie: Je älter, desto schlechter aus Sicht des Gesetzgebers – als ob es in Deutschland keine Modernisierungen gibt. Aufwendig renovierte Gründerzeitwohnungen in begehrten Vierteln waren daraufhin für eine Spottmiete zu haben. Dabei hat der nachweislich untaugliche Mietendeckel keine Wohnung mehr geschaffen. Im Gegenteil: Binnen eines Jahres hat sich das Angebot bei neu zu vermietenden Wohnungen um 47 Prozent verringert, Investoren zogen sich angesichts solch einer Vermieterfeindlichkeit von Neubauprojekten zurück.

Oft fängt es harmlos oder vermeintlich fair an: Es werden Milieuschutzgebiete gebildet, bis – wie in Berlin – fast die gesamte Innenstadt betroffen ist. Dann folgen Preisbremsen. Gleichzeitig wurde und wird auch das mediale und kommunikative Klima vergiftet, was in Berlin in einem Volksentscheid zur Enteignung großer Wohnungsunternehmen gipfelte, der von Linken und Grünen unterstützt wurde (die mitregierende SPD stand unentschieden an der Seite). Die Kampagne, flankiert durch den damaligen Senat und die Medien, hatte Erfolg – und selbst die neue CDU-geführte Landesregierung unter Kai Wegner will das Votum in irgendeiner Form prüfen.

Stattdessen sollten Politiker erkennen: Besonders Wohnungssuchende leiden unter den Verboten und Vorschriften, wenn das Angebot knapper wird und Bürokratie Projekte verteuert. So baute in Tübingen die dortige Uniklinik Wohnungen für Pflege-Azubis. Der Vorteil besteht allerdings lediglich darin, dass die Lehrlinge hier Wohnungen erhalten, nicht jedoch zu einer subventionierten Miete. Der Bau ist dermaßen teuer, auch verursacht durch eine Genehmigungs- und Planungsfrist von sieben Jahren, dass der Quadratmeterpreis 21 Euro beträgt. »Das ist der Preis, den die Klinik verlangen muss, um halbwegs die Kosten zu decken«, schreibt *Die Zeit* in einem Dossier über Wohnungsnot. Und weiter: »Bezahlbar sind die Wohnungen trotzdem«, versicherte der Bauherr, »aber nur, weil sie winzig sind: 14 Quadratmeter messen die Apartments für Pflege-Azubis.«[45]

Einwanderung als Nachfrage- und Preisbooster

Doch so trüb, wie die vorangegangenen Abschnitte vermuten lassen, sind die Aussichten für Vermieter nicht. Kanzler Scholz hat auf Basis der Angaben des Statistischen Bundesamts für Deutschland eine Einwohnerzahl von 90 Millionen prognostiziert (er sagte allerdings nicht, für welches Jahr). Jedes Jahr kommen allein eine Million Flüchtlinge und Asylbewerber kommen nach Deutschland, von denen der Großteil bleibt. Das sind mehrere Großstädte jedes Jahr. Da kaum Wohnungen gebaut werden, macht dieser Bevölkerungszuwachs Wohnimmobilien als Kapitalanlage und für Vermietungen besonders attraktiv. Aus Käufer- und Vermietersicht sind dies goldene Zeiten.

Gesellschaftliche Entwicklungen

Nicht nur Politik und Einwanderung beeinflussen die Situation von Vermietern und Mietern – auch gesellschaftliche Entwicklungen und die Wünsche der Menschen spielen eine beachtliche Rolle.

Wie wollen die Menschen wohnen?

Die geschilderten finanziellen Rahmenbedingungen machen es den Menschen in Deutschland immer schwerer, ihre individuellen Wohnwünsche umzusetzen. Das zeigte die Wohntraumstudie 2022 der Interhyp AG, die 2180 Menschen befragte.[46] Die Sehnsucht nach einem eigenen Zuhause ist zwar noch immer hoch, nimmt jedoch leicht ab. 68 Prozent der Befragten gaben an, einmal in den eigenen vier Wänden leben zu wollen – 2021 waren es noch 72 Prozent. 34 Prozent der Mieter würden zwar gern in ihrer eigenen Immobilie leben, glauben aber, nicht über die finanziellen Möglichkeiten zu verfügen. Mirjam Mohr, Vorständin der Interhyp AG, sagte dazu: »Vielen scheint der Traum eines eigenen Zuhauses schlichtweg nicht mehr möglich – oder eben nur noch auf dem Land.« Zudem haben die »Widrigkeiten auf dem Weg zur eigenen Immobilie Spuren in den Köpfen der Menschen hinterlassen. Während 2021 noch Torschlusspanik beim Immobilienerwerb herrschte, dominiert dieses Jahr das Gefühl: Ich habe den Zug verpasst«, erklärte Mohr. Ergo bleiben mehr Menschen zur Miete wohnen. Aber wo?

Das Interesse an ländlichen Wohnlagen ist von 2019 bis 2021 gestiegen und seitdem konstant geblieben. 57 Prozent der Befragten möchten aktuell am liebsten dörflich oder im Umland leben, 30 Prozent lieber in einer Klein- oder Mittelstadt wohnen, nur 13 Prozent in einer Großstadt. Jedoch ist das Land eher Mittel zum Zweck. Die meisten befragten Stadtflüchtenden zogen aufs Land, um dort von günstigeren Wohnkosten zu profitieren. Für 42 Prozent hat »günstigeres Wohnen« eine Rolle für den Umzug gespielt. Für 30 Prozent war die mögliche Vergrößerung des Wohnraums ausschlaggebend, da man sich auf dem Land deutlich mehr Wohnraum zum gleichen Preis leisten könne. Allerdings stehen den geringeren Wohnkosten höhere Aufwendungen zumindest bei Pendlern gegenüber, um wieder in die Stadt zur Arbeit zu kommen.

Unabhängig vom Wohnort haben die Befragten eine klare Vorstellung von der Wohnform und der Größe. Das Einfamilienhaus gilt für 64 Prozent nach wie vor als beliebteste Hausform – »unabhängig von politischen und umweltpolitischen Debatten«, wie die Interhyp anmerkt. Es folgen auf den zweiten und dritten Plätzen der Beliebtheit das Landhaus, ein Bauernhaus oder ein Hof für 24 Prozent sowie der Bungalow für 21 Prozent. Alle Objekttypen versprechen Raum und Platz. Denn: Am häufigsten wünschen sich die Menschen eine Wohnfläche zwischen 100 und 150 Quadratmetern. Bei der Ausstattung denkt die Mehrheit in traditionellen Mustern – den »3G«, was aber nichts mit Corona zu tun hat: Garten (70 Prozent), Garage (68 Prozent) sowie Gäste-WC (67 Prozent) dürfen in keiner Immobilie fehlen, zumindest vor dem geistigen Auge.

Trend zu größeren Wohnungen

Jahrelang gab es bei der Größe der Wohnungen in Deutschland nur eine Richtung: bergauf. Und das betraf nicht nur selbst genutzte Immobilien, sondern durchaus auch Mietwohnungen in den Großstädten. Vor zwei Jahren, angesichts rasant steigender Mieten, war aber offenbar die Grenze erreicht – allerdings, wie so oft, nur im Durchschnitt. So gibt es deutliche Unterschiede, je nachdem, wo man wohnt, welcher sozialen Gruppe man angehört und ob einem die vier Wände selbst gehören.

Seit 1990 war die durchschnittliche Wohnfläche pro Kopf um 34 Prozent gestiegen, ab 2010 stagnierte diese Entwicklung jedoch bei den Mietern. Stattdessen gönnten sich die Eigentümer immer mehr. Die Wohnfläche je Wohnung betrug Ende 2021 durchschnittlich 92,1 Quadratmeter, die Wohnfläche je Einwohner 47,7 Quadratmeter. Damit hat sich die Wohnfläche je Wohnung seit dem Jahr 2011 um 1,0 Quadratmeter oder 1,1 Prozent vergrößert, die Wohnfläche je Einwohner um 1,6 Quadratmeter oder 3,5 Prozent. Die Zahl der Personen pro Wohnung hat sich in diesem Zeitraum von 2,0 auf 1,9 verringert.[47] Allein um den daraus resultierenden Mehrbedarf zu decken, wären jedes Jahr knapp 200 000 zusätzliche Wohnungen nötig gewesen.«[48]

Weitere Wohntrends

»Singularisierung, Migration, Urbanisierung und demografischer Wandel« machen laut IW die wichtigsten Faktoren auf der Nachfrageseite des Wohnungsmarkts aus. So ist der Anteil der Einpersonenhaushalte von bis 1990 und 2018 von 34 auf 42 Prozent gestiegen.[49] In drei Vierteln aller Haushalte wohnen maximal zwei Personen. »Haushalte mit drei und mehr Personen haben indes an Relevanz für den Wohnungsmarkt verloren«, schreibt das IW trocken.

Auch die Migration habe sich deutlich auf den Mietwohnungsmarkt ausgewirkt. Mieter mit Migrationshintergrund haben bereits einen Anteil von 32 Prozent.

Die Alterung der Gesellschaft ist wiederum überdurchschnittlich stark bei Eigentümerhaushalten zu bemerken: 40 Prozent der Eigentümer waren 2018 älter als 65 Jahre, im Jahr 2000 waren es noch 27 Prozent. Der Anteil der unter 45-Jährigen halbierte sich im gleichen Zeitraum und liegt bei nur 15 Prozent.[50]

Innerhalb der Gesamtbevölkerung gehört man bereits ab einer Wohnfläche von mehr als 41 Quadratmetern pro Kopf zu den oberen 50 Prozent. Ab 83 Quadratmetern pro Kopf zählt man zu den oberen 10 Prozent. Wohnt man indes allein, so wie 21 Prozent der Bevölkerung, leistet man sich deutlich mehr Wohnraum: Die mittlere Wohnfläche liegt hier bei 65 Quadratmetern.

Enorme Unterschiede zeigen sich besonders zwischen selbst nutzenden Wohneigentümern und Mietern. Erstere gönnen sich im Mittel 125 Quadratmeter große Wohnungen, Mieter 75 Quadratmeter. Doch nicht alle Teilgruppen unterscheiden sich so deutlich in ihrem Wohnflächenkonsum, hat das IW ebenfalls herausgefunden. So wohnen Personen mit Hochschulabschluss zwar im Mittel in etwas größeren Wohnungen (105 Quadratmeter) als Personen mit einem Hauptschulabschluss (92 Quadratmeter), doch bei der Wohnfläche pro Kopf sind bei beiden Gruppen kaum mehr Unterschiede auszumachen.[51]

Viele Deutsche leben in zu großen Wohnungen. Verschärft wird das Problem dadurch, dass die geburtenstarken Jahrgänge der 1950er- und 1960er-Jahre jetzt zwar schrittweise das Rentenalter erreichen. Dann aber bleiben sie noch zwei Jahrzehnte in ihrer geliebten angestammten Wohnung – obwohl die Kinder schon seit Ewigkeiten aus- und in andere Wohnungen eingezogen sind. Ein Umzug in eine kleinere Wohnung lohnt sich nicht: Meist verfügen diese Jahrgänge über äußerst günstige Mietverträge. Eine neue, kleinere Wohnung würde womöglich das Doppelte kosten. In der Folge steigt der beanspruchte Wohnraum pro Einwohner weiter. Oft wurde dieser Locked-in-Effekt in den vergangenen Jahren diskutiert. Tauschbörsen sollten das Problem lösen, doch sie haben sich als nicht funktionsfähig erwiesen. Die individuellen Wohnungswünsche werden einfach von zu vielen Faktoren und Parametern bestimmt. Da passt es extrem selten, dass sich zwei Parteien finden, die jeweils das wollen, was der andere hat. Ganz abgesehen davon könnte man sich nur mit kommunalen Eigentümern darauf einigen, dass bei einem Tausch auch die Miete konstant bleibt.

Ein anderes Thema sind 4- oder 5-Zimmer-Wohnungen, an denen viele Mieter wegen verstärkter Heimarbeit nun interessiert sind. Lange Zeit wurden sie aus Vermietersicht als nicht lohnenswert erachtet und sind nun fast schon eine Seltenheit. Bei solchen Wohnungen werden die Mieten vermutlich sogar noch stärker steigen, weil viele Menschen genau so etwas suchen, da sie sich aufgrund der hohen Zinsen kein Eigenheim mehr leisten können.

Die 400 000er-Marke – ein politischer Wunschtraum

Ende 2021 gab es in Deutschland laut Statistischem Bundesamt (Destatis) 43,1 Millionen Wohnungen. Das ist der aktuellste offizielle Wert. Wir wissen zwar, dass im Jahr 2022 295 300 Wohnungen gebaut wurden, aber nicht, wie viele abgerissen worden sind – etwa weil sie alt oder unvermietbar waren. Im Vergleich zu 2011 erhöhte sich der Wohnungsbestand um 6 Prozent, das sind 2,5 Millionen Wohnungen. Dennoch sind es zu wenig. Bundeskanzler Olaf Scholz geht wie gesagt davon aus, dass wir in den kommenden Jahren die 90-Millionen-Einwohner-Grenze erreichen werden. Wo aber sollen all diese Menschen wohnen? Zum Vergleich: Heute hat Deutschland gut 84 Millionen Einwohner. Und für 2025 wird eine Neubaulücke von bereits 700 000 Wohnungen prognostiziert.[52]

Nicht erst unter der Ampelregierung wurde die richtige Devise ausgegeben, jährlich 400 000 Wohnungen zu bauen. Doch der Staat hat vergessen, dafür auch die richtigen Rahmenbedingungen und Anreize zu schaffen. Bert Rürup, Chefökonom des *Handelsblatts*, urteilt daher: »Wohl kein anderes Ampel-Vorhaben wurde so eklatant verfehlt.«[53] Und die Regulierungs- und Verbotspolitik im Immobiliensegment lässt vermuten, dass die Anzahl der neuen Wohnungen in den nächsten Jahren weiter sinken wird. Stattdessen muss es so attraktiv wie möglich gemacht werden, Wohnraum zur Vermietung zu schaffen oder bereitzustellen und energieeffizient zu sanieren. Dann werden Verbote und sonstige politische Irrfahrten wie der Mietendeckel hinfällig.

Wirtschaftliche Mieten: 20 Euro pro Quadratmeter

Natürlich möchte die Bundesregierung nicht selbst bauen – das sollten schon die Bauindustrie und überwiegend private Vermieter übernehmen. Doch sie sollte die richtigen Weichen dafür stellen. Schon als das 400 000er-Ziel aufgestellt wurde, wusste man, dass dies ein ehrgeiziges Ziel ist. Mit Stand heute kann man sagen, es ist eher eine Lebenslüge. Vor allem deswegen, weil der Staat auf allen Ebenen kräftig auf die Bremse tritt und die Standards zu Energieeinsparung, Umweltfreundlichkeit, Brandschutz oder Entsorgung permanent anhebt. Er selbst macht dieses Ziel unerreichbar. Deshalb ist es kein Wunder, dass 2020 lediglich 306 400 Wohnungen und 2022 gar nur 293 400 Wohnungen fertiggestellt wurden.[54]

Zudem hat die Politik kräftig mitgeholfen, den Wohnungsneubau auf Quadratmeterpreise von 4000 bis 5000 Euro zu treiben. Das wiederum muss sich in einer entsprechenden Miete von 18 bis 20 Euro pro Quadratmeter widerspiegeln. Alles andere wäre unwirtschaftlich. Wohlgemerkt: Wir reden hier vom Neubau, nicht von Bestandswohnungen. Laut Pestel-Institut ist beim frei finanzierten Wohnungsbau eine Kaltmiete von unter 16,50 Euro unwirtschaftlich. Gleichzeitig liegen die Mieten im Durchschnitt bei 8,30 Euro pro Quadratmeter, in Ballungsräumen bei 9,80 Euro (Anfang 2022).[55] Daher nimmt auch die Tübinger Uniklinik von ihren eigenen Pflege-Azubis 21 Euro pro Quadratmeter.

5000 Euro pro Quadratmeter im Verkauf für Eigentumswohnungen sind auch nicht auf jedem Markt zu erzielen. In Dresden beispielsweise hat ein großer Projektentwickler sein Projekt aus genau diesem Grund Anfang 2023 deutlich eingedampft. »Die Herstellungskosten sind so in die Höhe geschossen, dass der Kaufpreis der Wohnungen bei über 5000 Euro pro Quadratmeter liegen müsste, um wirtschaftlich zu sein«, erklärt Berndt Dietze, Geschäftsführer der Baywobau Dresden, anhand des Neubauprojekts Wohnen an der Wildrosenterrassen. »Doch solche Preise lassen sich hier am Markt kaum noch erzielen.«[56] Von 500 Interessenten seien nur noch zehn übrig.

Für Vermieter sind das natürlich durchaus positive Aussichten, was weitere Mietsteigerungen und zukünftige Renditeerwartungen betrifft. Dennoch darf die Entwicklung nicht so weit gehen, dass es zu sozialen Ungleichheiten kommt und Wohnen bereits in »normalen Wohnungen« zum Luxus wird. Wenn die Politik so weitermacht, könnte dies allerdings bei den prognostizierten Einwohnerzahlen Realität werden.

Historisches Vorbild

Wer es ernst meint mit dem Ziel, 400 000 Wohnungen zu schaffen, müsste radikal Vorschriften entschlacken, Normen senken und Steuern und Abgaben reduzieren, so wie es im Mai 2023 der ZIA forderte und hierzu Maßnahmen von Bund, Ländern, Kommunen, aber auch von der Immobilienwirtschaft verlangte. Allerdings ist nicht mal ansatzweise zu sehen, dass sich auf diesem Gebiet politisch etwas tut. Dabei hat Deutschland schon einmal gezeigt, dass es geht: Nach dem Zweiten Weltkrieg herrschte in den 1950er-Jahren eine immense Wohnungsnot. Gründe hierfür waren die Kriegszerstörungen und die rasant gestiegene Bevölkerungszahl durch 12 Millionen Vertriebene aus den verlorenen deutschen Ostgebieten.[57]

1950 kam es daher zu einer massiven Intervention auf dem Wohnungsmarkt: Das Erste Wohnungsbaugesetz finanzierte innerhalb eines Jahrzehnts den Bau von 3,3 Millionen Wohnungen. Zusätzliche

2,7 Millionen Wohnungen wurden durch private Investoren gebaut. Im Durchschnitt waren das 600 000 Wohnungen pro Jahr, und das nur in Westdeutschland und unter anderen technologischen Voraussetzungen als heute – aber eben auch anderen politischen Bedingungen. Baugesetzbücher und andere Vorschriften, die Bauherren das Leben schwer machen, waren extrem dünn und obendrein auch nicht in jedem einzelnen Bundesland verschieden.

Im Frühjahr 2023 gibt es laut Bundesregierung 1,7 Millionen leer stehende Wohnungen in Deutschland (der Städte- und Gemeindebund sagt: 1,3 Millionen). Doch leider befinden sich diese Wohnungen nicht in den Metropolen und Ballungsräumen, dort, wo die Menschen tatsächlich leben, sondern überwiegend auf dem Land. Dieses Potenzial möchte Bundesbauministerin Geywitz nun nutzen und schlug vor, »das Leben auf dem Land attraktiver zu machen«; also Anreize dafür zu schaffen, damit die Leute aus den großen Städten in die ländlichen Regionen ziehen: mehr Digitalisierung, eine noch stärkere Verbreitung des sogenannten Homeoffice.[58] Mal sehen, was aus dieser Idee wird. Zu bedenken gibt es, dass sich nicht jeder Beruf in Heimarbeit ausüben lässt und gerade ländliche Regionen oft nur schlecht an den öffentlichen Nahverkehr angebunden sind.

Laut dem Pestel-Institut fehlten Ende 2022 bereits über 700 000 Wohnungen.[59] Andere sehen, wie schon erwähnt, diese Neubaulücke im Jahr 2025. So oder so besteht ein enormer Bedarf, der nicht durch ein entsprechendes Baugeschehen befriedigt wird. »Anders als in ökonomischen Lehrbüchern beschrieben, zeichnet sich auf dem Wohnungsmarkt keine Annäherung von Angebot und Nachfrage ab, sondern ein weiteres Auseinanderdriften«[60], sagt Bert Rürup, Chefökonom des *Handelsblatts*. Und die Deutsche Bank urteilt in ihrem Deutschland-Monitor »Ausblick auf den deutschen Wohnungsmarkt 2023« im April 2023: »Wohnraum bleibt knapp. Der Zinsschock dämpft den Neubau. Die Flüchtlingswelle aus der Ukraine und der strukturell hohe Zuzug, der wie vor der Pandemie wieder bei über

300 000 Personen pro Jahr liegt, erhöhen die Nachfrage.« Die Forschungseinrichtung der Deutschen Bank macht eine »fundamentale Angebotsknappheit« aus, die sich noch viele Jahre fortsetzen werde, besonders in Berlin, Frankfurt, Hannover, Heidelberg, Köln, Leipzig, Stuttgart und München.[61]

Dramatischer Einbruch beim Wohnungsbau

Doch es könnte noch schlimmer werden. Vonovia SE, mit mehr als einer halben Million Wohnungen der größte Immobilienkonzern Deutschlands, hat Anfang 2023 den Start von Neubauprojekten abgesagt. Das zweitgrößte Unternehmen am Markt, die LEG (166 000 Wohnungen) hatte schon im November 2022 die Reißleine gezogen: Der Neubau sei »vor dem Hintergrund steigender Baukosten und -zinsen, unsicherer Förderbedingungen und steigender Umweltanforderungen vor allem im Segment ›bezahlbarer Wohnraum‹ nicht mehr darstellbar«. Ähnliches ließ der ZIA verlauten: »Neue Projekte sind derzeit nicht finanzierbar und selbst, wenn sie es wären, kämen sie in konventioneller Bauweise nicht einmal für das Jahr 2025 mehr zur Fertigstellung.«[62]

Würden Neubauten in Metropolen für 18 Euro pro Quadratmeter kostendeckend vermietet, würde eine 100-Quadratmeter-Wohnung »dann mit allen Nebenkosten schnell 2500 Euro pro Monat kosten, weit mehr, als die meisten Beschäftigten netto verdienen«, rechnete das *Handelsblatt* vor.[63] Wie man es anders machen kann, zeigen uns unsere Nachbarn. So wird in den Niederlanden deutlich billiger gebaut wird als hierzulande – ohne dass dabei die Sicherheits- und Energiestandards vernachlässigt werden. Ein Grund dafür sind technologieoffene Baunormen, die etwa einen Wert für den Energieverbrauch definieren, aber nicht vorschreiben, dass dies auf keinen Fall mit einer Gasheizung zu erreichen sei. »So lässt sich nicht nur das Innovationspotenzial der Bauwirtschaft ausschöpfen, sondern auch ein oft kostensenkender Wettbewerb um die besten Methoden entfachen«[64], urteilt das *Handelsblatt*. Zudem entschlackte die Regierung bereits vor 13 Jahren die Bauvorschriften. Beispielsweise gibt es keine Stellplatzverordnungen – eine Vorschrift, die in Deutschland oft nur mit dem Bau teurer Tiefgaragen eingehalten werden kann.[65]

Ein weiteres Beispiel findet sich im elsässischen Mülhausen. Dort werden neue Reihenhäuser für 1600 Euro pro Quadratmeter angeboten – aus einfachen Baustoffen wie Sichtbeton und lichtdurchlässigem Kunststoff. In Deutschland ist es undenkbar, dass die Bürger und Käufer selbst entscheiden können, ob das zu ihnen passt.

Wie können mehr Wohnungen gebaut werden?

Schauen wir noch mal in den Koalitionsvertrag der Ampelregierung: »Wir wollen mehr Menschen in Deutschland ermöglichen, im selbst genutzten Eigentum zu wohnen.« Doch wenig bis gar nichts wurde bislang dafür getan. Laut einer Umfrage im Auftrag des Bauherren-Schutzbunds (BSB) hat jeder zweite Bauwillige die Hausbaupläne 2022 aufgegeben.[66] Auch wenn sich dieses Buch um Immobilien als Kapitalanlage und nicht zur Eigennutzung dreht, so reflektiert dieser Fakt doch die schlechten Rahmenbedingungen zur Vermögensbildung mittels Immobilien. Die erwähnte Eigentumsquote von 42,1 Prozent der Haushalte ist zuletzt sogar noch zurückgegangen.

Welche Möglichkeiten gibt es, um Bauen und Vermieten günstiger und attraktiver zu machen und die Baukosten zu begrenzen? Angesichts von 37 Prozent an Baukosten, die der Staat direkt und indirekt zu verantworten hat, bieten sich theoretisch viele Maßnahmen an:

- Nichts wirkt sich derzeit so preistreibend beim Bauen von Immobilien aus wie die Energievorschriften und die entsprechend anzustrebende Energieeffizienzklasse der Immobilie. Hier gibt es oft keine Wahl, sondern staatlichen Zwang oder bei der Inanspruchnahme von Förderungen Vorschriften. Im Umkehrschluss würde ein Herunterfahren der Energieeffizienz (als freie Wahl des Bauherrn) die Kosten drastisch reduzieren – aber freilich auch die Energiekosten erhöhen, denen wiederum viele politische Kosten innewohnen. Robert Habeck betont, dass sich niemand 2023 schnell noch eine Öl- und Gasheizung einbauen lassen solle, weil danach höhere Kosten drohen. Doch diese Mehrkosten sind zum Großteil, wenn nicht gar ausschließlich politischer Natur, etwa die CO_2-Steuer. Eine Politik, die sich am Wohlergehen der Bürger orientiert, würde schlichtweg darauf verzichten.
- Die derzeit limitierte Möglichkeit von Sonderabschreibungen für die Herstellung neuer Mietwohnungen sollte ausgeweitet werden.
- Die Grunderwerbsteuer sollte beim Erwerb von Baugrundstücken für den Mietwohnungsbau auf null gesenkt werden. Neben dem vollständigen Verzicht, etwa beim Erstkauf selbst genutzter Eigenheime, wären auch großzügige Freibeträge denkbar, beispielsweise 250 000 Euro pro Erwachsenem und 150 000 Euro pro Kind, wie sie der Eigentümerverband Haus & Grund vorschlägt. Die Bundesregierung will laut Koalitionsvertrag den Bundesländern die Möglichkeit geben, die Grunderwerbsteuer flexibler zu gestalten. Hessens Ministerpräsident Boris Rhein (CDU) erinnerte in seinem Wahlkampf im Frühjahr 2023 daran. Doch er ist abhängig von den bundesweiten Regeln (obwohl die Länder die Höhe festsetzen). Bislang ist hier noch nichts passiert.

- 17 Verbände forderten zum Jahreswechsel 2022/23 von der Ampelregierung eine Experimentierklausel, um von Gesetzen, Normen und Standards abweichen zu können, oder das Aussetzen der Grunderwerbsteuer.[67]
- Eine weitere Möglichkeit besteht in mehr seriellem Neubau.
- Denkbar ist auch eine Senkung der Mehrwertsteuer auf Bauleistungen. Diese macht laut ZIA-Schätzungen etwa 11 Prozent des Kaufpreises aus.[68]
- Ein Flaschenhals stellt aber die Verfügbarkeit von Grundstücken dar. Hier müssen die Kommunen schlichtweg mehr Flächen ausweisen. Denn »grundsätzlich können nur die Städte und Gemeinden mittels ihrer Planungshoheit Bauland schaffen. Dort liegt die politische Verantwortung für eine ausreichende Baulandbereitstellung. Ein akuter Baulandmangel verhindert gegenwärtig eine Ausweitung der Bautätigkeit in den Ballungsräumen. Knappheit führt zu Preissteigerungen dies gilt auch für Bauland«[69], heißt es so treffend wie nüchtern bei der ARGE. Die Realität: Die Grundstückskosten bei Neubauprojekten liegen in deutschen Großstädten in der Regel bei 20 Prozent des Projektvolumens. In Städten mit mehr als 500 000 Einwohnern beträgt der durchschnittliche Preis für baureifes Land inzwischen mehr als 1600 Euro pro Quadratmeter (exakt so viel wie im französischen Mülhausen die Reihenhäuser insgesamt kosten).

Alles in allem muss die Politik von Kommunen, Ländern, Bund und EU für deutlich bessere Rahmenbedingungen und Kostenstrukturen sorgen, damit mehr Angebot geschaffen wird. Den Bau ankurbeln würden folgende Maßnahmen: steuerliche Anreize für mehr Neubau im mittleren Wohnsegment, Vorschriften abschaffen, schnellere Entscheidungsprozesse in den Behörden und einfachere

Genehmigungsverfahren. Nur ein Mehrangebot an Wohnungen und überschaubare Kosten werden schließlich die Mietpreise entspannen.

Bundesjustizminister Marco Buschmann hat es im Frühjahr 2023 auf den Punkt gebracht: »Jahrelang wurde Wohneigentum in Deutschland immer teurer. Dabei ist der Staat selbst ein großer Preistreiber – sei es durch immer höhere Baustandards oder die Erhöhungen der Grunderwerbsteuer. So kann es nicht weitergehen.«[70] Na dann! Niemand hindert die Bundesregierung daran, den Worten Taten folgen zu lassen.

Teil 2

EIGENTUMSWOHNUNGEN UND MIETSHÄUSER ALS GELDANLAGE

Obwohl ich im ersten Teil dieses Buches vieles dargestellt habe, was vermeintlich wenig Lust macht, in Immobilien zu investieren, ist es genau andersherum. Gewohnt wird immer, und in Deutschland aufgrund des Zuzugs sogar immer mehr. Die ständig wachsende Nachfrage trifft auf ein stagnierendes Angebot. Es ist alles nur eine Frage der Kalkulation und des jeweiligen unternehmerischen Managens. Natürlich müssen die Berechnungen stimmen, zudem sollte man nicht in eine Schrottimmobilie investieren (was heute schon allein mit dem falschen Heizungssystem passieren kann) und nach Abzug der Kosten muss man etwas übrig haben, sodass man voller Überzeugung sagen kann: »Das ist ein lukratives Investment.«

Unternehmer, Anleger und Investoren mussten schon immer auf 180-Grad-Wendungen, neue Gegebenheiten, verrückte Politik und staatliche Gängelung reagieren. Wenn es leicht wäre, könnte es ja jeder oder ein Computer tun. Insofern ermuntere ich jeden, die Herausforderung anzugehen. Und gern helfe ich mit diesem Teil des Buches dabei, dies auch praktisch umzusetzen.

Erstes Objekt von Yvonne und Sebastian:
Eigentumswohnung, Düsseldorf, 2018

- Kaufpreis: 230 000 Euro, inklusive Nebenkosten, 3629 Euro pro Quadratmeter (Nettokaufpreis)
- Ohne Eigenkapital
- 60 Quadratmeter, 725 Euro Kaltmiete, 12,08 Euro pro Quadratmeter
- Zinsen: 1,19 Prozent
- Werte heute: 275 000 Euro, Wertsteigerung 20 Prozent

Elf Gründe, warum Sie in Immobilien investieren sollten

Gleich zu Anfang gebe ich Ihnen elf Gründe, warum es sich lohnt, in Immobilien zu investieren. Das ist im Grunde eine vorweggenommene Zusammenfassung, eine Komprimierung der wichtigsten Tipps und Eckdaten der Anlageklasse Immobilien. Trotzdem sollten Sie die nachfolgenden Kapitel lesen, denn darin werde ich alle Aspekte ausführlich erläutern.

Immobilien bieten Inflationsschutz

Am neunten Tag ihrer Rundreise sind Yvonne und Sebastian, Andrea und Peter in Madrid angekommen. Die beiden Paare haben nicht nur ein Faible für die lokale Küche, sondern steuern oft auch Restaurants an, die den Namen der jeweiligen Stadt tragen. Heute haben sie das »La Casa de Madrid« ausgewählt. Yvonne und Sebastian nehmen als Vorspeise Gazpacho. Andrea und Peter bestellen einen Teller Jamón Ibérico, luftgetrockneten Schinken, und Manchego-Käse.

»Andrea, Peter, ihr solltet euch endlich mal einen Ruck geben. Wie lange reden wir schon über Immobilien als Kapitalanlage? Sicher so fünf, sechs Jahre. Aber ihr kommt einfach nicht in die Pötte!«, sagt Sebastian aus heiterem Himmel.

Andrea und Peter schauen einander an. »Du hast ja recht«, antwortet Peter, »aber ganz so einfach ist das nicht. Wir sprechen hier über so hohe Summen. Da wird mir schon etwas schwindelig, wenn ich daran denke, was ihr inzwischen investiert habt.«

»Und nun kommt noch die Inflation dazu«, sagt Andrea.

»Ha, Inflation!«, ruft Yvonne dazwischen. »Das ist ja gerade der Punkt! Wenn ich nur einen Grund nennen dürfte, um euch Immobilien schmackhaft zu machen, wäre es die Inflation. Denn gerade Immobilien sind inflationssicher.«

»Aber sind nicht erst die Preise gesunken?«, wendet Peter ein.

»Ja, ein bisschen, aber nur im deutschlandweiten Durchschnitt. All unsere Objekte sind stetig im Wert gestiegen. Es sind eben Sachwerte. Das zahlt sich gerade in diesen Zeiten aus. Noch etwas Rioja?«

Die Deutschen erleben gerade eine reale Geldvernichtung wie einst ihre Urgroßeltern. Im späten Frühjahr 2023 lag die Inflation bei weit über 6 Prozent. Eine hohe Inflationsrate ist bekanntlich schlecht für Sparer und Konsumenten – aber gut für Schuldner und jene, die in Sachwerte investieren und dies idealerweise fremdfinanzieren. Besonders Immobilienbesitzer können zumindest das Beste aus der unerquicklichen Situation machen. Denn die Schulden haben eine Werthaltigkeit, solange der Immobilienzins unter der Inflation liegt. Selbstverständlich entlässt das niemanden aus der Verpflichtung, das jeweilige Objekt zu prüfen. Die hohe Inflation wird uns noch auf lange Sicht begleiten. Immobilien sind daher besonders in Inflationszeiten eine gute Möglichkeit, sein Geld zu parken und in wertstabile Anlagen zu stecken.

Ein Grund, weshalb Immobilienbesitzer meist über Jahrzehnte ihr Vermögen steigern, ist der, dass Immobilien einen Inflationsschutz bieten. Warum ist das so? Sachwerte (Edelmetalle, Immobilien, Aktien, seltene Oldtimer oder besondere Gemälde) unterscheiden sich von Geldwerten (Bargeld, Vermögen auf Girokonten oder in

Staatsanleihen) besonders darin, dass Sachwerte nicht unendlich verfügbar sind. Grundstücke sind begrenzt vorhanden und Edelmetalle irgendwann alle gefördert. Dies gibt Sachwerten eine besondere Stellung.

Zudem unterliegen Sachwerte permanent einer neuen Preisbildung. Und wenn die Inflation steigt, so wie wir es in den vergangenen zwei Jahren erlebt haben, liegt es nahe, dass bei knappen Gütern die Preise mitsteigen. Natürlich nicht eins zu eins, und es gibt auch noch andere Faktoren, die das beeinflussen. Dennoch ist das der große Unterschied zu Geldwerten, die schließlich hundertprozentig der Inflation unterliegen und keinen anderen Preis haben als eben ihren Nennwert plus die Verzinsung. Eine Geldanlage in Staatsanleihen oder auf dem Festgeldkonto muss nämlich erst mal die Inflation erwirtschaften. Das wird beim angestrebten Ziel der EZB von 2 Prozent schon schwer – ausgeschlossen ist es bei derzeitigen Raten von 7 bis 8 Prozent.

Immobilien sind also erwiesenermaßen inflationssicher. Doch es ist nicht automatisch gut, Schulden aufzunehmen, um Immobilien zu kaufen. Schließlich steigen in einer Inflation auch die Preise von Waren und Dienstleistungen und die Zinsen auf Kredite. Allerdings gibt es Situationen, in denen es sinnvoll sein kann, Schulden aufzunehmen, um Immobilien zu kaufen. Etwa wenn die Inflation die Preise von Immobilien schneller steigen lässt als die Kosten für Schulden. Denn dann können Sie von der Wertsteigerung der Immobilie profitieren.

Warum Schulden geradezu eine zentrale Funktion beim Immobilienkauf haben, ja die gesamte Kalkulation lukrativ machen, erfahren Sie im nächsten Punkt.

Deutsche Bank zum deutschen Wohnungsmarkt: »Inflationsschutz ist historische Regel«[71]

Wie stark Immobilien vor Inflation geschützt sind – und zwar »insbesondere für Phasen mit hohen Inflationsraten, da dort die Hauspreise sogar die Inflation übertrafen« –, das hat im März 2023 die Deutsche Bank Research untersucht. In einem Bericht schreibt sie: »Die Inflation wirkt auf zweierlei Weise auf die Hauspreise ein. Erstens erhöhen hohe Inflationsraten kurzfristig die Zinsen. Höhere Finanzierungkosten belasten Häuslebauer und Investoren und dämpfen die Preise. So hat der nominale Zinsschock, der sich seit Ende 2021 vollzog, den Hauspreisboom beendet. Seit einigen Monaten fallen die Preise. Zweitens aber legen Hauspreise typischerweise langfristig mit der Inflation zu. Unser nominales Renditedreieck zeigt, die Hauspreise stiegen von 1970 bis 2022 um mehr als 400 Prozent und die Konsumentenpreise um weniger als 300 Prozent.«

Tatsächlich dauerte die Preisdämpfung nur kurz an. Signifikante Wertverluste waren kaum zu erleben. Nach einer kurzen Phase der Stagnation und einer leichten Delle erholte sich der Markt auch wieder. Und so schreibt die Deutsche Bank weiter treffend: »Aber auch über kürzere Zeiträume waren fallende Hauspreise nur selten. So war für alle 20-Jahreszeiträume und für 36 der 43 10-Jahreszeiträume ein Hauspreisanstieg zu verzeichnen. Entsprechend dauerten auch Phasen mit Preisrückgängen zumeist nur wenige Jahre.«

Dabei kann es auch »lange Phasen von Preisrückgängen geben und der Inflationsschutz nicht oder nur teilweise existieren. In diesem Zeitraum von 1995 bis 2012 stieg die Inflation aber lediglich um 29 Prozent. Dagegen erhöhten sich in den Phasen mit hoher Inflation die Hauspreise kräftiger als die Inflation.« So war es beispielsweise 1970 bis 1980 oder beim Wiedervereinigungsboom 1989 bis 1994, wo etwa die Inflation 20 Prozent betrug, aber die Hauspreise um fast 30 Prozent zulegten.

Das mutmachende Fazit: »Sollte in den kommenden Jahren die Inflation hoch bleiben, dann sollte es auch diesmal einen Inflationsschutz geben. Es müssten wohl besondere Umstände vorliegen, wenn die Preise in einer Volkswirtschaft insgesamt kräftig steigen und in der aus vielerlei Hinsicht wichtigsten Vermögensklasse mit den höchsten Anlagevolumen langfristig stagnieren oder fallen.«

Als wären sie Propheten, schrieben sie im März 2023: »Daher halten wir es für wahrscheinlich, dass die aktuellen Preisrückgänge bald ihren Boden finden.« Und so ist es auch gekommen und ich für meinen Bereich habe die Preisdelle gar nicht feststellen können.

Und so schließen die Deutschen Banker mit folgenden Worten: »Langfristig sollten die Preise neue Höchststände erreichen können. Dies ist auch für alle institutionellen Investoren relevant, die angesichts höherer Zinsen überlegen, ihre Anleihebestände auszuweiten. Dort gibt es in der Regel keinen Inflationsschutz. Die Ausnahme stellen indexierte Anleihen dar. Jedoch ist ihr Volumen relativ zum gesamten Anleihevolumen gering und sehr klein im Vergleich zur Größe des Wohnungsmarkts. Die großen Anlagesummen institutioneller Investoren kann dieser Markt nur bedingt absorbieren. Wenn sich die Geschichte nicht wiederholt, sich aber reimt – wie ein angelsächsisches Sprichwort sagt –, sollte der Wohnungsmarkt auch diesmal einen bedeutenden Beitrag zum Inflationsschutz liefern.«

Immobilienschulden ermöglichen den Hebeleffekt

Kaum ein anderes Anlageprodukt lässt sich so gut und einfach und zu solch günstigen Konditionen finanzieren wie Immobilien. Außerdem lässt sich die Rendite auf das eingesetzte Kapital um ein Vielfaches steigern. Wie das geht, erläutere ich im Abschnitt »Die Hebelwirkung – der mathematische Kern des Kapitalismus«. Es ist fast wie Magie. Doch Vorsicht – so positiv, wie der Hebeleffekt wirken kann, kann er auch negativ die Rendite beeinflussen, wenn die Zinsen aus dem Ruder laufen, wie wir es seit Anfang 2022 erlebt haben. Natürlich sind Zinsen in den meisten in Deutschland üblichen Verträgen festgeschrieben. Doch wenn ich eine große Restschuld am Ende der Laufzeit habe und die Zinsen sich verdreifacht haben, habe ich ein großes Problem. Daneben ist die durchgehende und langfristige Vermietbarkeit des Investmentobjekts entscheidend. Schließlich benötige ich Einnahmen, um den Kredit zu bedienen.

Wohnraum wird immer benötigt

Megatrends wie die Digitalisierung, mehr Heimarbeit und veränderte Lebensweisen mögen teilweise die Wohnformen verändern, aber nicht den Umstand, dass Menschen Wohnraum benötigen – in jeder Lebensphase und an jedem einzelnen Tag. Und wie bereits dargestellt, wird der Bedarf immer größer.

Grundstücke und Wohnraum sind begrenzt

Es gibt weder unendlich viele Wohneinheiten noch zahllose Grundstücke, und man kann nicht grenzenlos nachverdichten. Alles, was limitiert ist, aber nachgefragt wird, steigt mittel- bis langfristig im Wert oder hält diesen zumindest – je nachdem, in welchem Verhältnis Angebot und Nachfrage gerade stehen. Begrenzt sind auch die Kapazitäten für den Bau und das Material, um Wohnraum zu schaffen. Genau daher rührt der Inflationsschutz und deshalb spricht man vom Betongold. Der große Unterschied zum realen Gold ist bei Immobilien, dass sie sich finanzieren lassen und bei der Vermietung laufende Einnahmen generieren. Bei Gold ist der Hebeleffekt so gut wie ausgeschlossen und es gibt keinerlei Verzinsung. Hier entstehen keine neuen Einnahmequellen, außer bei einem etwaigen Verkauf mit Gewinn.

Immobilien und Immobilienschulden bieten Steuervorteile

Die Immobilie als Kapitalanlage bringt steuerliche Vorteile mit sich. Hier spielt das Thema Schulden eine Rolle. Daher ist die Strategie vor dem Investment so entscheidend, und es ist wichtig zu wissen, wann und in welcher Höhe Steuervorteile oder auch Nachteile entstehen können – mit entsprechenden positiven oder negativen Auswirkungen auf die Rendite. Mit der richtigen Strategie lassen sich je nach Einkommenshöhe Steuern im hohen vier- und teils sogar fünfstelligen Bereich über mehrere Jahre sparen.

Sanierungen und Kaufnebenkosten sind steuerlich absetzbar

Die Sanierung einer vermieteten Immobilie und die Kaufnebenkosten lassen sich steuerlich absetzen. Hierbei sollten aber entscheidende Merkmale der Absetzbarkeit beachtet werden. Im weiteren Verlauf werde ich Ihnen die Vorteile erklären. Um hundertprozentige Sicherheit über die jeweiligen Steuervorteile zu haben und herauszufinden, wie sie zu Ihrer persönlichen Einkommenssituation und zum Objekt passen, sollten Sie allerdings Ihren Steuerberater konsultieren.

Anders als bei der eigengenutzten Immobilie können die Kaufnebenkosten (Notar, Grunderwerbsteuer, Makler und Gerichtskosten) als Anschaffungskosten abgeschrieben werden. Bei der eigengenutzten Immobilie haben sie keinerlei steuerliche Relevanz.

Der Immobilienmarkt ist risikoloser als die Börse

Bei soliden Kapitalanlageimmobilien spricht man häufig vom »sicheren Hafen«. Das mögliche Auf und Ab, wie es an den Börsen teils schlagartig und oft auch willkürlich möglich ist, bleibt Anlegern mit vermieteten Immobilien meist erspart – es sei denn, man hat eine Ampelkoalition, die sich im Wochentakt neue Schikanen für Immobilienbesitzer ausdenkt. Das bedeutet aber nicht, dass Sie alles auf eine Karte setzen sollten. Zu jeder Vermögensbildung gehört ein gut gemischtes Portfolio, unter anderem auch mit Gold. Aktien, am besten in der Form eines ETF, sind ebenfalls empfehlenswerte Sachwerte, die inflationsgeschützt sind. Allerdings sind vielen Investoren die Kursbewegungen zu riskant und sie setzen daher mehr auf Immobilien. Nicht ohne Grund sind rund 80 Prozent der deutschen Immobilien im Privatbesitz – und nahezu jeder vermögende Mensch besitzt Immobilien in nennenswertem Umfang.

Planbarer Cashflow

Egal ob Wirtschaftskrise oder Börsenturbulenzen, die Mieteinnahmen verändern sich meist nur in eine Richtung: inflationsangepasst nach oben, bei einer Indexmiete geschieht das sogar automatisch (allerdings muss man den Mieter informieren). Dies macht vermietete Immobilien so unglaublich attraktiv für die eigene Altersvorsorge oder stetige passive Einnahmen. All dies bedeutet natürlich nicht, dass das Investment risikolos ist. Man kann durchaus mit unvorhergesehenen Kosten konfrontiert werden, mit Mietausfällen, Mietnomaden, Streitfällen um die Nebenkostenabrechnung oder gar einem Wasserschaden. All dies ist zum Glück höchst selten, wenn man die Spielregeln beachtet und die richtigen Immobilien auswählt. Man sollte sich aber bewusst machen, dass es sich nie um einen Selbstläufer handelt.

Steuerfreier Verkauf

Wenn Sie die Immobilie als Privatperson oder über eine Personengesellschaft kaufen, kann unter bestimmten Bedingungen der Verkauf der Immobilie komplett steuerfrei sein. Neben dem Hebeleffekt ist dies ein enormer Vorteil gegenüber anderen Geldanlagen. Entscheidend sind die jeweilige Haltedauer und die Nutzungsart der Immobilie. Genaue Beispiele finden Sie im Abschnitt »Steuern sparen«.

Eine Immobilie ist abgesichert

Immobilien sind eine sichere Anlage. Natürlich meine ich hiermit nicht den Risikoaspekt einer Investition, der ist auch bei einer Immobilie gegeben, sondern dass sich eine Immobilie – als Gebäude, nicht als Vermögensanlage – versichern lässt. Zwar kann man andere

Investments tatsächlich in begrenztem Maße absichern, etwa über besondere Absicherungszertifikate für das eigene Depot, wenn sich der Markt nachteilig entwickelt. In diesem Fall muss ich die Absicherung aber selbst bezahlen. Bei vermieteten Immobilien ist die Wohngebäudeversicherung eine umlagefähige Ausgabe und wird über die Nebenkosten an den Mieter weitergegeben.

Wohnungen werden immer ein analoges Produkt bleiben

Die Digitalisierung hat ganze Geschäftsmodelle vom Markt gefegt. Technologieorientierte Start-ups gefährden alteingesessene Firmen. Die rasante Entwicklung künstlicher Intelligenz lässt heute schon Heerscharen von Arbeitnehmern grübeln, ob denn ihre Arbeitskraft morgen noch gebraucht wird. Doch eine Wohnung – mit welchen Materialien, Baumethoden, Heizungssystemen, Vorschriften und technischen Funktionen sie auch gebaut wird oder ausgestattet ist – wird immer analog bleiben. In den eigenen vier Wänden und mit einem Dach über dem Kopf sein Zuhause zu finden – daran wird sich nichts ändern.

Immobilien als Kapitalanlage

Der Wein im Madrider Lokal hat das Gespräch noch mehr angeregt. Dabei benötigen die vier eigentlich keinen Alkohol, um ihre Zungen zu lösen. Sie sprechen über nahezu alle Themen offen miteinander, gerade auch finanzielle Dinge.

»Hand aufs Herz. Vergleicht mal unsere Investments mit dem, wo ihr euer Geld angelegt habt.« Diesmal war es Sebastian, der das Gespräch fortsetzte: »Ihr habt ein ähnliches Einkommen wie wir, um die 7000 Euro im Monat. Da bleiben doch gut 1500 Euro übrig, vielleicht sogar noch mehr. Wo habt ihr noch mal überall investiert? Aktien, Gold ...?«

»Ja, unter anderem ... Fast 60 000 Euro haben wir in Aktien angelegt, meist Fonds, aber auch Amazon, Tesla, Allianz. Für 15 000 Euro haben wir sogar Gold gekauft ...«

»Und im Garten meiner Eltern vergraben«, schiebt Andrea ein. Alle lachen.

»Jetzt gab es ja gerade ein Allzeithoch, da sind wir also gut dabei. Dann haben wir noch Lebensversicherungen«, fährt Peter fort.

»Für wie viel? Und wie sind sie verzinst?«, fragt Sebastian nach.

»Na ja, Andrea braucht ja nicht so viel, sie ist schließlich Beamtin. Aber ich, ich zahle da 300 Euro jeden Monat ein, verzinst wird es mit 3,5 Prozent – allerdings vor Kosten.«

»Siehst du, das zeigt das ganze Dilemma. Weniger als 3,5 Prozent – und das 40 Jahre lang. Wir haben allein Mietrenditen von 4 bis 5 Prozent – und das ist ja überwiegend das Geld der Bank. Wir selbst haben nur 60 000 Euro investiert. Das ist ein irrer Hebel, von dem ich euch

schon mal erzählt habe. Hinzu kommt schließlich die Wertsteigerung. Gut, dass du die Aktien hast, zumindest auf lange Sicht. Noch besser wären ETFs.«

»Na, und das ist auch noch nicht alles, wo wir engagiert sind ...«, platzt es aus Andrea hinaus. Sie lächelt Peter an.

»Ach, du meinst doch nicht etwa ...?«, fragt er ungläubig.

»Ja, genau: Wir haben uns auch in Bitcoin versucht. 8000 Euro ...« Peter druckst herum: »Ja, das war schon vor einem knappen Jahr. Im Juni, da lag der Kurs bei 25 000 pro Bitcoin. Wir wollten es euch aber erst erzählen, wenn wir wieder in der Gewinnzone gelandet sind. Jetzt hat sich der Kurs auf gut 27 000 erholt.«

Der Vergleich zu anderen Anlageklassen

Das Wesen des Kapitalismus besteht darin, das vorhandene Kapital immer dort einzusetzen, wo es am meisten einbringt. Es gibt sogar viele Geschäftsleute, die nicht auf eine bestimmte Branche fokussiert sind, sondern immer dort engagiert sind, wo sie es für besonders aussichtsreich halten. Ähnlich ist es auch bei der Vermögensbildung. Allerdings zählen hier neben der reinen Rendite noch andere Kriterien – zuallererst die Sicherheit und wie einfach die Anlage liquide gemacht werden kann, also wie leicht der Wert handelbar ist. Daneben ist entsprechend der eigenen Strategie entscheidend, wie regelmäßig das Investment Geld abwirft. Bei Gold beispielsweise gibt es – anders als bei monatlichen Mieteinnahmen – keinerlei Verzinsung, Dividenden, Ausschüttungen und Einkommensquellen zwischendurch. Hier zählt nur der seit Jahrtausenden bewährte »sichere Hafen« und der gegenwärtige Wert, zu dem man es verkaufen könnte.

Grundsätzlich ist zu sagen, dass eine Anlage die andere nicht ausschließt. Denn die wohl wichtigste Regel der Vermögensanlage ist, sein Kapital möglichst breit zu streuen, also zu diversifizieren, um das Risiko zu minimieren.

Die 72er-Formel

Spannend ist in diesem Zusammenhang die 72er-Formel: 72 dividiert durch den Zins, den ich erzielen kann, ist gleich die Anzahl der Jahre, in denen ich mein eingesetztes Vermögen verdoppelt habe. Diese Regel ist eine Faustformel aus der Zinsrechnung, wobei das Ergebnis nicht ganz exakt den Zeitraum angibt, sondern leicht davon abweicht. Aber sie ist eine bewährte Regel.

Nehmen wir ein einfaches Beispiel: Sie erhalten für Ihre Kapitalanlage 0,5 Prozent Zinsen. Wenn ich nun diese Formel anwende und 72 durch 0,5 teile, erhalte ich als Ergebnis 144 (139,9 Jahre). Das heißt, bei einem Zins von 0,5 Prozent brauche ich 144 Jahre, um mein Vermögen zu verdoppeln. Oder aber Sie erhalten für Ihre Kapitalanlage 12 Prozent Zinsen (das ist durchaus möglich bei dividendenstarken Aktien, eher weniger bei Immobilien, wenn man es auf die Mietrendite bezieht; die Eigenkapitalrendite ist allerdings meist deutlich höher und man erreicht so ähnliche Kennzahlen). Dann benötigen Sie lediglich 6 Jahre (real 6,12 Jahre), um Ihr Kapital zu verdoppeln – wenn Sie die Dividenden reinvestieren. Ein etwaiger Kursgewinn ist hier noch nicht einmal berücksichtigt. An diesem Beispiel sehen Sie auch deutlich, was der Zinseszinseffekt bewirkt – ein von vielen Menschen enorm unterschätzter, ja oft völlig unbekannter Faktor.

Was sind Kapitalanlagen – und was nicht?

Zunächst sollten wir klären, was überhaupt eine Kapitalanlage ist. Grundsätzlich bedeutet Kapitalanlage: Ich investiere Geld und erhalte aus dieser Anlage Rückflüsse in Form von Geld – etwa beim Verkauf – oder Zinsen in Form von monatlichen oder jährlichen Rückflüssen. Es gibt unterschiedliche Formen und Möglichkeiten der Kapitalanlage. Lassen Sie uns daher gemeinsam tiefer gehen und auch einige falsche Ansichten beseitigen, was eine Kapitalanlage ist und was nicht.

Eigenheim

Ein Eigenheim, also eine selbst bewohnte Eigentumswohnung oder ein Haus, ist keine Kapitalanlage, auch wenn das viele meinen. »Ich zahle ab jetzt keine Miete mehr, ich investiere in mein Eigenheim«, heißt es dann. So sinnvoll das sein mag (wovon ich nicht überzeugt bin) und persönliche Träume und Wünsche erfüllt – eine Kapitalanlage ist es nicht.

Schauen wir uns noch einmal die Definition einer Kapitalanlage an: Ich investiere Geld und erhalte aus dieser Anlage Geld oder Zinsen in Form von monatlichen oder jährlichen Rückflüssen. Bei einem Eigenheim das Gegenteil der Fall: Ich muss nämlich das Darlehen aus meinem versteuerten Einkommen tilgen und habe keinerlei monatliche Rückflüsse. Und was noch viel schwerer wiegt: Wenn ich mein Eigenheim nach 20 bis 30 Jahren abgezahlt habe, muss ich weitere Instandhaltungsinvestitionen tätigen, auch diese wieder aus versteuertem Einkommen. So erleben wir es gerade beim Thema energetische Sanierung und Wärmepumpe. Als Kapitalanleger wiederum kann ich ein neues Dach oder Ähnliches steuerlich geltend machen, dazu aber später mehr.

Tagesgeldkonto

Auch ein Tagesgeldkonto, für das es seit Kurzem zumindest wieder ein paar Zinsen gibt, ist keine Kapitalanlage. Denn die Inflation frisst die Zinsen und einen Teil der Substanz. Natürlich ist es richtig und wichtig, liquide Mittel vorzuhalten, durchaus über die Höhe von drei Monatsgehältern.

Lebensversicherungen

Wie ist es mit den so beliebten Lebensversicherungen? 82,7 Millionen gibt es davon, nahezu exakt so viele, wie es Einwohner in Deutschland gibt. Hier kann man von einer Geldanlage sprechen. Allerdings sind dies in aller Regel Geldwerte. Sie können damit kein nachhaltiges Vermögen aufbauen, wie es mit Sachwerten möglich ist. Oder haben Sie schon mal jemanden kennengelernt, der durch Lebensversicherungen zum Millionär geworden ist? Ich nicht. Lassen Sie mich das an einem Beispiel verdeutlichen: Stellen Sie sich vor, Sie zahlen einen monatlichen Betrag für Ihre Lebensversicherung ein. Die Versicherung verspricht Ihnen, dass Sie dafür in 25 Jahren eine Rentenzahlung in Höhe von 100 000 Euro erhalten. Das Problem hierbei ist, dass die Inflation diese 100 000 Euro in 25 Jahren pulverisiert hat. Bei einer Inflation von 1,5 Prozent pro Jahr wäre es nur noch 68 000 Euro wert. Dabei haben wir gegenwärtig ganz andere Werte: 7,2 Prozent (April 2023). Hinzu kommt, dass die EZB sogar eine jährliche Inflation von 2 Prozent anstrebt.

So wichtig Lebensversicherungen für die persönliche Vorsorge oder die Absicherung von Hinterbliebenen sein mögen – vor allem in Form einer monatlichen Auszahlung, was dann auch eine Wette auf die Lebenserwartung ist –, so wenig funktionieren sie im Sinne von »Es lohnt sich« und »Ich bekomme mehr raus, als ich eingezahlt habe«. Vor allem die aktuelle, völlig aus dem Ruder gelaufene

Inflation hat diese Form der Geldanlage unattraktiv gemacht (was Sie von den jeweiligen Anbietern natürlich nicht hören werden).

Aktien

Aktien sind eine in den vergangenen Jahren wieder populärer gewordene Vermögensanlage, die – vor allem in Form von ETFs – in jedes Portfolio gehört. Sie haben Vor- und Nachteile:

- Aktien liefern potenziell gute Gewinne und haben historisch gesehen eine höhere Rendite als viele andere Anlageklassen. Wenn Sie in hochwertige Unternehmen investieren, die in der Lage sind, langfristig zu wachsen und Profite zu erzielen, machen Sie nichts falsch. Allerdings weiß man das nicht vorher. Das Risiko, bei gut ausgewählten Immobilien in A- und B-Lagen falschzuliegen, ist wesentlich geringer. Die richtigen Aktien zu finden, ist hingegen ein Glücksspiel. Das betrifft selbst jene, die jahrzehntelang gut gelaufen sind. Auch sie kommen irgendwann an ihre Grenzen.
- Diversifikation: Aktien können dazu beitragen, das Portfolio zu diversifizieren, da man in Unternehmen in verschiedenen Branchen und Regionen investieren kann, am besten als Fonds und idealerweise als ETF – nicht als Einzelaktie. Dies kann das Risiko reduzieren, da eine schlechte Performance eines Unternehmens oder einer Branche nicht das gesamte Portfolio beeinträchtigt.
- Liquidität: Im Gegensatz zu einigen anderen Vermögensanlagen wie Immobilien können Aktien leicht, schnell und kostengünstig verkauft werden. Dies gibt Ihnen mehr Flexibilität und Kontrolle über Ihre Investition.

Allerdings stehen dem auch klare Nachteile gegenüber:

- Schwankungen (Volatilität): Aktien können sehr volatil sein und ihr Wert kann sich schnell ändern. Kurzfristige Preisschwankungen können dazu führen, dass Sie Verluste erleiden oder Ihre Nerven belasten; vor allem, wenn Sie genau in dem Moment Geld brauchen, etwa zu Beginn des Rentenalters. Crasht der Markt ausgerechnet zu dieser Zeit, haben sich je nach Grad der Krise innerhalb weniger Tage 20, 30 oder sogar 40 Prozent des Vermögens in Luft aufgelöst – so wie es beispielsweise zum Anfang der Coronakrise passiert ist (auch wenn sich die meisten Papiere danach wieder kräftig erholt haben). Hier reden wir nicht einmal von besonders riskanten Investments in kleinere, unbedeutende Aktien oder vermeintliche Geheimtippaktien. Nein, auch die sogenannten Blue Chips oder Leitindizes wie Dow Jones oder DAX können davon betroffen sein.
- Keine garantierte Rendite: Im Gegensatz zu Anleihen oder anderen festverzinslichen Anlageinstrumenten gibt es bei Aktien keine garantierte Rendite. Es besteht immer das Risiko, dass Sie Geld verlieren. Auch bei Immobilien ist zwar nichts garantiert, doch in der Regel erhalten Sie einen stetigen, planbaren monatlichen Rückfluss in Form von Mieteinnahmen.

Kurz gesagt: Im Vergleich zu Immobilien sind Aktien liquider, aber auch volatiler. Sie gehören in jedem Fall in ein Portfolio, zumal sie einen Sachwert darstellen (vor allem bei Industrie- oder Infrastrukturunternehmen mit echten Anlagewerten, wo es obendrein in der Regel Dividenden gibt) und damit inflationsgeschützt sind. Allerdings sind Sie den mächtigen Marktakteuren ausgeliefert. Sie können nur zuschauen, wie die Preisbildung an der Börse abläuft. Echten Einfluss wie mit der eigenen Immobilie haben Sie nicht.

Autos

Das – womöglich kreditfinanzierte – Auto ist ganz sicher keine Kapitalanlage. Anders verhält es sich bei seltenen Oldtimern. Diese stellen einen gewissen Sammlerwert dar – wenn man die richtige Wahl getroffen hat. Aber auch hier gibt es keinerlei monatliche Rückflüsse. Dies geschieht erst beim Verkauf des Oldtimers, wobei es hier etliche Kostenfaktoren zu beachten gibt, etwa für die Instandsetzung, fürs Unterstellen oder eventuelle Sicherheitsmaßnahmen.

Gold

Ähnliches wie bei Oldtimern muss auch beim Lagern und Sichern von Gold beachtet werden. Rein technisch kann man daher Gemälde, seltene Autos, Oldtimer und Uhren mit Edelmetallen gleichsetzen. Sie sind eine Absicherung in Sachwerten und unterliegen damit einem gewissen Inflationsschutz. Empfehlenswert ist es, besonders Gold als Beimischung von 5 bis 10 Prozent in sein Portfolio aufzunehmen. Allerdings ist zu bedenken, dass Edelmetalle nur zur Absicherung (bei Gold vor allem in Krisenzeiten) dienen und keinerlei Zinsen oder monetäre Rückflüsse entstehen. Das Vermögen vermehrt sich hierdurch nicht aktiv. Ich generiere gegebenenfalls eine Wertsteigerung, aber davon profitiere ich erst, wenn ich diese Sachwerte verkaufe. Vorher erziele ich keinen Gewinn oder nur einen Buchgewinn und habe je nachdem sogar noch laufende Kosten. Die tatsächliche Rendite erziele ich erst nach dem Verkauf, was bei Barren und Münzen übrigens steuerfrei ist, wenn man sie länger als ein Jahr gehalten hat. Gleiches gilt für Wertpapiere, die einen Anspruch auf eine tatsächliche Goldlieferung verbriefen.

Kryptowährungen

Je nach Kryptowährung konnten Käufer in den vergangenen Jahren teilweise astronomische Gewinne einfahren. Sie sind jedoch ein 100-prozentiges Spekulationsobjekt mit keinerlei Sachwertbezug. Hinzu kommt, dass die Emittenten keine feste Adresse haben, sondern die Community diese Währungen schöpft und verwaltet (außer bei Kryptowährungen, die von Unternehmen herausgegeben werden, den sogenannten Token). Alles kann über Nacht zusammenbrechen. Der Kurs wird rein über den Glauben an den Wert bestimmt und die Hoffnung, dass es (weiter) bergauf geht. Zwar basiert auch der Wert unserer klassischen sogenannten Fiatwährungen auf diesem Glauben, doch immerhin stehen hinter all diesen Währungen gewaltige Institutionen und Volkswirtschaften. Man kann sich mit dem Geld immer etwas kaufen. Freilich unterliegen die Preise der Inflation. Bei Kryptowährungen hat man rein gar nichts in der Hand – außer einem Code, der schon morgen wertlos sein kann.

Als Technologie und Verrechnungswerkzeug für Transaktionen sind Kryptowährungen – und die dahinterstehenden Blockchains – allerdings genial. Zudem hat die bekannteste Kryptowährung, der Bitcoin, einen mächtigen Vorteil: Anders als bei der verrückten Geldvermehrung der Zentralbanken, ist die Menge der Bitcoins strikt limitiert – bei 21 Millionen Einheiten ist Schluss (Ende April 2023 waren 19,36 Millionen im Umlauf). Aber mehr noch als jede andere Anlageklasse sind Kryptowährungen reine Glaubenssache. Zumal dem Bitcoin neben der Bezahlfunktion jede praktische Nutzungsart fehlt. Wer also in Bitcoins investiert, sollte sich harte Limits setzen und es wie einen Gang ins Casino betrachten. Auch der kann ja seinen Charme haben, aber es ist reine Spielerei.

Das Verhältnis von Absicherung und Anlage

Lassen Sie uns das Thema der Absicherung ein wenig vertiefen. Sehr oft werde ich gefragt, ob es eine Faustformel gebe, um die Aufteilung zwischen Absicherung und Anlage vernünftig zu strukturieren. Denn die Investition in Immobilien ist nur eine Säule der Vermögensanlage. Hier sehe ich insgesamt vier Säulen, was der von mir bereits angesprochenen Diversifizierung entspricht:

- Die erste Säule sind liquide Mittel, also Cash auf Tagesgeldkonten oder Girokonten.
- Die zweite Säule ist das Depot, bestehend aus Aktien, aktiv gemanagten Fonds, aber vorzugsweise ETFs. Legen Sie das Geld dieses Segments am besten ausschließlich in geografisch ausgerichteten ETFs an, die einem Marktindex entsprechen, beispielsweise Europa, Welt, USA. Sie können sogar weltweit mit nur einem ETF investieren. Aktien haben den Nachteil, dass die Bewertung einer Firma und damit der Aktienpreis von sehr vielen Faktoren abhängig ist, die Sie weder in der Hand haben noch voraussehen können. Aktiv gemanagte Fonds – also ein riesiger Korb aus Dutzenden von Aktien – können erwiesenermaßen auf lange Sicht nicht den Markt schlagen. Wenn das doch geschehen sollte, dann ist es Zufall oder hält nur ein, zwei Jahre an. Obendrein verursachen Fonds deutlich höhere Kosten als ETFs.
- Die dritte Möglichkeit ist die vermietete Immobilie als Kapitalanlage. Hierbei gibt es zahlreiche Möglichkeiten: Mietshaus, Eigentumswohnung, Pflegeobjekt oder Gewerbeobjekt. Es ist wichtig, für sich persönlich herauszuarbeiten, was für eine Immobilienart am besten zu einem passt. Für die meis-

ten empfiehlt sich die Kapitalanlage in Wohnimmobilien in A- und B-Lagen.

- Die vierte Säule der Absicherung sind Edelmetalle, in allererster Linie Gold. Sollten Sie schon ein etwas größeres Vermögen Ihr Eigen nennen, empfiehlt sich auch eine Anlage in Schmuck, Gemälden oder Oldtimern. Dabei muss man sich aber auskennen, sowohl was den jeweiligen Wert anbelangt als auch wie man alles wiederum zu Geld machen kann. Denn darum geht es am Ende, auch wenn Sie den Bestand halten. Sollten Sie keine größeren Kenntnisse in diesem Bereich besitzen, sind Edelmetalle als Absicherung absolut ausreichend. Als Faustformel gilt, rund 10 Prozent des Vermögens darin zu investieren. Auch hier sollte man sich nicht verzetteln: Gold ist der jahrtausendealte Klassiker und hat sich durch alle Krisen hindurch bewährt. Silber und Platin werden zwar immer wieder empfohlen und beworben, aber diese Märkte sind viel zu klein und volatil. Gold hat den Vorteil der uneingeschränkten Nummer eins bei Edelmetallen und hat obendrein einen starken Nutzwert für Anwendungen in der Industrie und natürlich als Schmuck. Auch bietet es sich in Krisenzeiten an, wofür exotische Edelmetalle oder gar Gemälde und Oldtimer gerade nicht geeignet sind.

Andrea und Peter haben also auf diesem Gebiet bislang vieles richtig gemacht, wenn auch mehr zufällig und offenbar ohne Plan. Sie haben ETFs, Aktien, Gold und auch hohe Barmittel (viel zu viel allerdings). Was in jedem Fall fehlt, sind Immobilien.

Immobilien als Teil einer Anlagestrategie

Zum Abschluss ihres Urlaubs sind die beiden Paare nach Barcelona zurückgekehrt. Nach Sonnenuntergang steuern sie dasselbe Lokal an wie am Anfang ihrer Reise. Als Vorspeise bestellen sie eine Auswahl an spanischem Schinken. Es wird ein langer Abend.

»Morgen fliegen wir ja zurück. Und wir haben immer noch ein paar Fragen zum Thema Immobilien«, leitet Peter erneut das Thema ein, das sie drei Tage lang vermieden haben.

Andrea fügt hinzu: »Wir haben so viele Details besprochen, und es war ja wirklich nicht das erste Mal. Aber was uns vor allem interessiert, ist euer Ziel.«

Sebastian hebt sein Glas. »Gern, erklären wir gleich. Doch zunächst möchte ich auf unseren fantastischen Urlaub anstoßen. Es war wie immer großartig mit euch! Zum Wohl, auf unsere langjährige Freundschaft. Hoffentlich machen wir im nächsten Jahr wieder solch eine gemeinsame Tour.«

»Zum Wohl«, rufen auch die anderen.

Als Sebastian das Glas abgesetzt hat, antwortet er: »Schaut mal. Als wir beide angefangen haben zu investieren, war ich schon Anfang 40, also relativ spät – aber nicht zu spät. Natürlich hatten wir vorher schon das Apartment gekauft, in dem wir gewohnt haben. Die eigentliche Anlage in Immobilien ging aber erst 2018 los. Zuvor hatten wir uns mit Florian, unserem Berater, hingesetzt, alles ausführlich besprochen und das Ziel von 10 000 Euro Monatseinnahmen herausgearbeitet – etwa wenn ich Anfang, Mitte 50 bin, also binnen gut zehn, zwölf Jahren. Nach Kosten und vor Steuern.« Sie werden vom Kellner unterbrochen, der die Hauptspeise bringt.

Was sind meine grundlegenden Tipps und Empfehlungen für ein sorgenfreies Investment? Immer wieder muss ich auf die Strategie zurückkommen, die es zu definieren gilt. Das heißt, ich muss für mich einige Fragen klären: Möchte ich mittelfristig Vermögen aufbauen, Altersvorsorge betreiben, sofort monatliche Rückflüsse oder eine Mischung aus allem? Wichtig sind auch die steuerliche Betrachtung und die jeweilige persönliche Situation. Hier ist vor allem das Thema Partnerschaft und Familienplanung entscheidend: Betreibe ich das allein – und bin unabhängig bei einer möglichen Trennung – oder gemeinsam mit meinem Partner. Und: Wie viel kann ich einmalig oder monatlich investieren?

Im nächsten Schritt gilt es, den Zeithorizont zu betrachten und was gegebenenfalls an außergewöhnlichen Belastungen in den nächsten Jahren auf mich zukommt. Hier geht es vor allem um Kinder, eine Weltreise, die ich mir gönnen möchte, oder vielleicht den Aufbau eines Unternehmens.

Danach begebe ich mich an die richtige Aufteilung der Kapitalanlage, beginnend mit genügend liquiden Mitteln über Wertpapiere und Immobilien bis hin zu Edelmetallen.

Bei Immobilien wiederum ist eine Weichenstellung wichtig: Will ich in klassische Cashflow-Immobilien investieren oder sehe ich den Erwerb von Wohnungen als monatlichen Sparplan, der sich erst nach 10, 20, 30 Jahren auszahlt?

Immobilien als Altersvorsorge

Oft dient eine Immobilie nicht nur als Kapitalanlage, sondern ganz speziell zur Altersvorsorge (was natürlich ein wichtiges Ziel einer Kapitalanlage sein kann). An dieser Stelle zahlen sich einige Eigenschaften von Immobilien besonders gut aus: regelmäßige Einkünfte, langfristige Wertschöpfung und vor allem Inflationsschutz. Dies ist besonders wichtig, wenn ich einen Anlagehorizont von mehreren Jahrzehnten habe, so wie eben bei der Altersvorsorge.

Benötigen Sie erst zum Renteneintritt die zusätzlichen Einkünfte, weil Sie in Ihrem Berufsleben gut verdienen beziehungsweise gut verdient haben, empfiehlt sich eine hohe Kreditaufnahme mit gegebenenfalls monatlichen Zusatzzahlungen. Dann ist zum Renteneintritt alles abbezahlt und Sie können komplett die Einnahmen für Ihre Zwecke verwenden. Allerdings möchte ich darauf hinweisen, dass es keinen goldenen Weg für alle Zielgruppen gibt und man immer individuell prüfen sollte, welche Investitionsstrategie zur persönlichen Situation passt.

Bedeutsam in Hinblick auf die Altersvorsorge ist auch eine etwaige Volatilität. Immobilien schwanken bekanntlich deutlich weniger im Wert als andere Anlageklassen, besonders Aktien und selbst ETFs. Bricht ein ganzer Markt ein oder die gesamte Weltwirtschaft (wie mehrfach geschehen), sind auch Aktien und ETFs betroffen. Besonders fatal ist es, wenn Sie zu dieser Zeit in den Ruhestand gehen und das Geld aus den Wertpapieren brauchen.

Zudem zahlen Sie bei einer Immobilie im Vergleich zu bestimmten Rentenversicherungen nur die Einkommensteuer. Bei der Riesterrente oder der betrieblichen Altersvorsorge etwa müssen Sie zusätzlich noch Sozialabgaben leisten.

Da im Rentenalter die allgemeinen monatlichen Einkünfte beziehungsweise die Rente meist deutlich geringer ausfallen als das ehemalige Gehalt, kommt eine zusätzliche Einkommensquelle wie Mieteinnahmen sehr gelegen und ermöglicht idealerweise ein gleich hohes Ausgabeverhalten gepaart mit entsprechender Lebensqualität wie in der aktiven Karrierephase. Es spricht also einiges für vermietete Immobilien als Altersvorsorge.

Kurzfristiger Vermögensaufbau

Auch ein kurzfristiger Vermögensaufbau mit Immobilien ist möglich, etwa bei einem Verkauf nach drei Jahren. Doch das ist für maximal 10 Prozent der Investoren interessant, da es dabei völlig andere Finanzierungsstrukturen und steuerliche Themen zu beachten gilt. Um kurzfristig mit Immobilien Vermögen aufzubauen, muss man bereits ein ordentliches Know-how mitbringen oder einen guten Berater haben.

Mittelfristig – also bis über die Haltefrist von zehn Jahren – eröffnet sich ein breites Spektrum, um mit Immobilien Vermögen aufzubauen. Sie können 30 000, 40 000 Euro binnen zehn Jahren in Immobilien anlegen und danach steuerfrei verkaufen. Wichtig ist immer, eine Strategie zu haben – zur Immobilienanlage und zur finanziellen Planung generell. Sie sollten dabei immer beachten, dauerhaft liquide zu sein, um gut durch Krisenzeiten zu kommen. Die Coronapandemie oder der Ausbruch des Ukrainekriegs mit seinen wirtschaftlichen Verwerfungen, besonders der 10-Prozent-Inflation zwischenzeitlich, haben gezeigt, dass Krisen keine reine Theorie aus Finanzbüchern sind, die dort nur pflichtschuldig oder aus historischen Gründen erwähnt werden. Je nach persönlicher und vor allem beruflicher Situation kann eine Krise schnell kritisch werden. Daher sollten Sie immer ausreichend Reserven auf Giro- oder Tagesgeldkonten halten und wissen, welche Vermögenswerte Sie rasch liquidieren und zu Geld machen können. Halten Sie jedoch zu hohe Geldwerte, droht die Gefahr des Kaufkraftverlusts durch Inflation. Hier kommt es auf die richtige Balance an.

Auf keinen Fall darf man bei der Kapitalanlage emotional handeln. Es bringt überhaupt nichts, wenn ich mich hoffnungslos in ein Objekt verliebt habe und es sich finanziell nicht trägt. Es muss mir nicht gefallen, sondern es muss funktionieren.

Eigenheim oder mieten?

»Soll ich mir ein Eigenheim zulegen oder mieten?« ist eine der großen Fragen rund um Immobilien. Bei der Beantwortung, die immer die individuelle Lebenssituation erfassen muss, sollte man vor allem auch die finanziellen Aspekte im Blick haben – und übrigens auch die Nachteile durch eine verzögerte Kapitalanlage. Denn die Frage könnte nämlich auch anders lauten: »Kapitalanlage oder Eigennutzung?« Wenn ich mein Geld in eine selbst genutzte Immobilie stecke, kann ich es wiederum nicht investieren. Natürlich muss man irgendwo wohnen, doch müssen einem meiner Meinung nach die vier Wände dazu nicht unbedingt gehören.

Viele Menschen wollen sich ein Eigenheim – Eigentumswohnung, Einfamilienhaus, Doppelhaushälfte oder Reihenhaus – kaufen, um selbst darin zu wohnen. Es ist nach wie vor einer der großen Wünsche der meisten Menschen. Die Frage ist aber: Lohnt sich das? Wenn ich in einem Ballungsraum oder im Speckgürtel einer Metropole für 800 000 Euro ein Einfamilienhaus oder eine große Eigentumswohnung kaufe, wie lang wohne ich das dann ab? Passt sie von der Größe her? Was ist, wenn die Kinder ausgezogen sind oder ich wegen meines Jobs die Stadt wechseln muss? Früher hatte man mehr Planungssicherheit für die nächsten 40, 50 Jahre, um daraufhin zu kaufen oder zu bauen. Heute gibt es – neben der finanziellen Rechnung, die meiner Meinung nach nicht aufgeht – viel mehr Unsicherheitsfaktoren. Zudem verlangen unser Leben und unsere Lebensentwürfe mehr Flexibilität. Und ganz abgesehen davon kann ich als Eigennutzer nichts von der Steuer absetzen.

In vielen Fällen stelle ich mich daher mit der Miete besser als mit dem Kauf (zu dem ja immer auch die Nebenkosten dazukommen). Denn wie gesagt: Das Geld, das ich als Eigenkapital für das Eigenheim und gegebenenfalls dessen Ausbau eingesetzt habe, kann ich nicht gleichzeitig woanders anlegen.

Natürlich entzieht sich der Kauf einer Immobilie für Eigennutzer fast immer rationalen Erwägungen. Über allem schweben die damit verbundenen Emotionen, der Lebenstraum und das Familienglück. Rein finanziell betrachtet ergibt es aber für den Großteil der Menschen keinen Sinn. Man möchte später umziehen, sich vergrößern oder verkleinern, die Kinder verlassen das Haus – und Scheidungen sind als Faktor leider auch nicht zu vernachlässigen.

Anders ist es, wenn ich ein Schnäppchen mache und es bereits nach drei Kalenderjahren steuerfrei und mit Gewinn verkaufen kann (etwa von Dezember eines Jahres bis Januar des übernächsten Jahres; als Eigennutzer geht das). Dann kann man das nur empfehlen.

Beim Thema »Kapitalanlage versus Eigennutzung« glauben viele, dass eine Eigennutzung besser sei, da man schließlich bei einer Mietwohnung monatlich Geld ausgibt. Diese Ansicht ist besonders mit den bis Anfang 2023 bestehenden Niedrigzinsen in den Fokus gerückt. »Für das gleiche Geld kann man doch kaufen und die eingesparte Mietzahlung kann als Kreditrate dienen.« So denken viele Beobachter. Das aber ist nicht ganz korrekt, weil die rein privaten Zinsen eben eine zusätzliche Belastung sind. Zudem liegt das Instandhaltungs- und Sanierungsrisiko beim Eigentümer selbst, was man nicht steuerlich geltend machen kann. Also ginge auch hier Geld verloren. Anders bei der Kapitalanlage, wo etwa Anschaffungskosten, Kreditzinsen und Hausnebenkosten von der Steuer absetzbar sind – inklusive des steuerfreien Verkaufs, nachdem die Kapitalanlage zehn Jahre gehalten wurde. Hier existiert also ein ganz anderer Hebel im Vergleich zum weniger rentablen Eigenheim.

Als Immobilienprofi weiß ich natürlich nur zu gut, dass das Eigenheim ein starkes Symbol für die individuelle Freiheit und etwas höchst Emotionales ist. Überlegen Sie es sich trotzdem gut, bevor Sie sich entscheiden. Eine Möglichkeit besteht darin, eine Immobilie zu kaufen und dann zu vermieten – und selbst zur Miete zu wohnen. Auch Yvonne und Sebastian hatten anfangs eine eigene Wohnung bewohnt, die sie nun aber vermieten.

Loslegen!

Wichtig ist aber, dass Sie überhaupt ins Handeln kommen und anfangen, sich damit auseinanderzusetzen. Ich vergleiche dies immer mit einem Marathon. Stellen Sie sich vor, Sie fangen an, für einen Marathon zu trainieren. Dann laufen Sie auch nicht gleich im ersten Training 42 Kilometer, sondern arbeiten sich im wahrsten Sinne des Wortes Schritt für Schritt voran. Sie müssen dazu aber beginnen.

Genauso verhält es sich beim Investieren: Fangen Sie nicht direkt damit an, ein Halbe-Million-Euro-Investment zu tätigen (wozu ohnehin die wenigsten in der Lage sind), sondern arbeiten Sie sich nach vorn. Wichtig ist übrigens gerade am Anfang, sich nicht zu lange zu binden und das Geld so zu investieren, dass man die Anlage nach einer eher kurzen Zeit auflösen kann – um das Geld dann im größeren Stil oder anderweitig zu investieren. So könnte – stark vereinfacht – eine Vorgehensweise aussehen:

1. Wie viel Geld haben Sie übrig und möchten Sie investieren? Können Sie auf dieses Geld über einen gewissen Zeitraum verzichten?
2. Vergegenwärtigen Sie sich, welches Risiko mit den jeweiligen Finanzprodukten und Investmentmöglichkeiten verbunden ist. Wie hoch ist Ihre Ertragschance, aber auch gleichzeitig Ihr Verlustrisiko? Steht all dies in einem gesunden Verhältnis?
3. Informieren Sie sich über die steuerlichen Aspekte – das betone ich immer wieder.
4. Der meiner Meinung nach wichtigste Punkt, den leider viele Menschen nicht beachten, ist: Investieren Sie nur in Dinge, die Sie auch verstehen – oder aber ziehen Sie einen Profi zurate.

Seien Sie vorsichtig, wenn Ihnen Renditen von 6, 7, 8 oder 10 Prozent ohne Verlustrisiko angepriesen werden oder von einer garantierten Rendite von 6, 8 oder gar 10 Prozent gesprochen wird. So etwas gibt es nicht – jedenfalls nicht risikolos und garantiert.

Sie sollten sich zudem immer Ziele setzen: Wie viel Geld benötige ich zu welchem Zeitpunkt und wofür? Wie viele Zinsen oder

Zinseszinsen muss ich bis dahin erwirtschaften, um mein Vermögen zu erhalten, meine Kosten zu decken, meinen Konsum damit zu decken oder auch Geld herauszuziehen, ohne dass sich mein Vermögen verringert? Grob betrachtet gibt es hier zwei Möglichkeiten: Entweder Sie haben viel Kapital zur Verfügung, um Ihr Vermögen zu mehren (durchaus für spätere Generationen). Wenn dies nicht der Fall ist, benötigen Sie (mehr) Zeit. Dann können Sie auch mit kleineren Mitteln agieren und Großes bewirken. Dafür müssen Sie aber früh anfangen.

Kriterien zur Bewertung von Kapitalanlagen

Was unterscheidet eine gute Kapitalanlage von einer schlechten beziehungsweise weniger guten Kapitalanlage? Welche Differenzierungen gibt es hierbei?

Entscheidende Kriterien sind die Transparenz bei den Kosten, die Laufzeit und wie rasch beziehungsweise unter welchen Bedingungen Sie Ihre Anlage wieder liquide machen können. Wer beispielsweise auf geschlossene Immobilienfonds setzt – was in keinem Fall zu empfehlen ist –, sieht sein Geld erst nach 10, 12 oder 16 Jahren wieder (wenn überhaupt). Gerade bei geschlossenen Fonds kommt eine höchst ungünstige Kostenstruktur hinzu, bei der der Emittent und mit ihm verbundene Institutionen ordentlich zulangen. Besonders hier, aber auch generell, sollte man klären: In welche Abhängigkeiten begebe ich mich und wer verwaltet mein Geld? All diese Punkte muss ich bei jeder Form der Kapitalanlage betrachten.

Es gibt natürlich auch einige positive Beispiele von geschlossenen Fonds oder speziell Immobilienfonds. Aber in einen Immobilienfonds können Sie meist nur mit Ihrem eigenen Kapital investieren und keinen Hebeleffekt ausnutzen und haben auch keine Steuervorteile wie bei einer Immobilie. Geschlossene Fonds sind ohnehin nur für einen kleinen Teil von Investoren interessant.

Ein wichtiger Punkt ist die Transparenz von Kapitalanlageprodukten. Damit meine ich, dass ich auch das sogenannte »Kleingedruckte« verstehen muss. Wenn es heißt, ich investiere 1000 Euro und erhalte nach einer bestimmten Laufzeit 5000 Euro zurück, mag das erst mal fantastisch klingen. Jedoch muss ich den gesamten Vertrag durcharbeiten, um auszuschließen, dass unerwartete Kosten auf mich zukommen, die meine Auszahlung oder Rendite deutlich schmälern. Nur so kann ich als Anleger eine saubere Kalkulation erstellen, weiß genau, was auf mich zukommt, und kann so eine klare und fundierte Entscheidung treffen, ob es sich hierbei um eine ertragreiche Kapitalanlage handelt oder nicht. Bei geschlossenen Fonds muss man im Ernstfall übrigens sogar noch Kapital nachschießen.

Viele Menschen machen den Fehler, bei ihrer Anlage den steuerlichen Vorteil in den Mittelpunkt zu stellen und diesem alles unterzuordnen. Der steuerliche Aspekt ist natürlich wichtig bei einer Anlage, das steht außer Frage. Er darf aber niemals der Grund dafür sein, eine Kapitalanlage zu kaufen oder ein Investment zu tätigen (wie es bei bestimmten Immobilien oder auch geschlossenen Fonds der Fall ist). An oberster Stelle muss immer die Rentabilität jenseits des Steuereffekts stehen. Gerne können attraktive steuerliche Vorteile das i-Tüpfelchen des Investments sein. Aber im Fokus muss immer das große Ganze stehen und die Kapitalanlage muss auch ohne Steuervorteil funktionieren. Wenn Ihr Einkommen aufgrund von Krankheit oder Berufsunfähigkeit wegfällt oder sich deutlich reduziert, können sich die Steuervorteile nämlich enorm verringern.

Der wichtigste Punkt ist, dass Sie sich mit Ihrer Anlage auskennen und sich damit auseinandersetzen müssen – und sich gegebenenfalls professionelle Hilfe holen. Dafür wird zwar ein Beratungshonorar fällig, doch glauben Sie mir, bei guter Beratung erhalten Sie es über die Rendite hundertfach zurück.

Verschiedene Immobilienklassen

Um die Werthaltigkeit und Solidität von Immobilien zu erklären, wird gern der Vergleich zum Gold herangezogen. Daher rührt auch die Bezeichnung »Betongold«. Der Goldbestand, aber auch das förderbare Vorkommen des Edelmetalls und die Förderung selbst sind begrenzt. Dies lässt sich eins zu eins auf Immobilien übertragen: Es gibt nicht unendlich viele Grundstücke oder unendlich viel Wohnraum, und auch die Ressourcen in puncto Material, Baumaschinen und vor allem Handwerkern und Bauleuten sind limitiert (nur die Erfindung von Bauvorschriften offenbar nicht). Physisches Gold hat schon seit Jahrtausenden eine äußerst werthaltige Bedeutung, woran sich auch künftig nichts ändern wird. In jedes gute Portfolio gehört daher zu einem gewissen Anteil Gold – genauso wie Betongold.

So wie es Gold in verschiedenen Größen und für verschiedene Anwendungen gibt, bis hin zu winzigen Goldplättchen, Zahngold oder Gold für Industrieanwendungen, existieren auch völlig verschiedene Arten von Immobilien – mit all ihren Vor- und Nachteilen. Grob lassen sie sich in Wohn- und Gewerbeimmobilien einteilen. Zu Letzteren gehören beispielsweise Produktionsimmobilien, Lager- und Logistikhallen. Bei Wohnimmobilien differenzieren wir in aller Regel zwischen Eigentumswohnungen, Mehrfamilienhäusern, aber auch Pflegeimmobilien oder Denkmalimmobilien. Als weitere Komponente kommt das Thema Lage hinzu. Hier unterscheidet man zwischen A-, B-, C- oder D-Lagen.

Nun muss ich für mich analysieren und entscheiden, welche Immobilienart und welche Lage am besten zu mir passen. Wie schon gesagt muss mir das Objekt nicht gefallen, es muss funktionieren! Ich muss mich, besonders als Einsteiger, immer auf die Suche nach Immobilien begeben, die für 80 Prozent der in Deutschland lebenden Bevölkerung geeignet sind – also miet- und leistbar sind. Deshalb habe ich im ersten Teil auch so ausführlich die Statistik zum Wohnraum dargestellt: Die durchschnittliche Wohnung ist 92 Quadratmeter groß, die Wohnfläche je Einwohner beträgt knapp 48 Quadratmeter. Wenn ich auf dieses Segment setze, habe ich immer genügend Nachfrage. Obendrein stehen die Chancen gut, dass solche Wohnimmobilien von Banken finanziert werden, da sie sich für viele Menschen eignen und für Banken einen leicht kalkulierbaren Wert darstellen.

Eine Gewerbeimmobilie eignet sich hingegen nicht für die breite Masse der Bevölkerung als Anlagevehikel. Die Coronakrise mit den massiven staatlich verordneten Einschränkungen des gesellschaftlichen und wirtschaftlichen Lebens zeigte deutlich, dass besonders Gewerbeimmobilien von enormen Wertschwankungen betroffen sind: Einzelhandelsimmobilien jenseits von Supermärkten und Drogerien waren massiv durch den Lockdown beeinträchtigt. Hier gab es hohe Mietausfälle, besonders auch in Einkaufszentren, da die Geschäfte über lange Zeit schließen mussten. Die durch die Coronapandemie beschleunigte Entwicklung des Onlinehandels kommt noch hinzu. Zahlreiche Händler in den Innenstädten, vor allem im Bereich Mode, haben aufgegeben und ihre Geschäfte geschlossen.

Ebenso kümmerlich sah es während der Coronakrise mit dem Spezialsegment Hotels aus. Auch diese mussten lange schließen, und als sie wieder öffnen durften, hatten sie zunächst nur eine geringe Auslastung (bevor dann ab Sommer 2022 alles nachgeholt wurde). Ganz anders sah es bei Logistikimmobilien aus. Gerade der Onlinehandel, aber auch die in den Großstädten beliebten Lieferdienste benötigen viel Lagerraum. In diesem Immobiliensegment gab und gibt es einen enormen Boom. Büros wiederum werden künftig ebenfalls unter massivem Leerstand leiden. Zwar haben die Unternehmen ihre Mitarbeitenden wieder aus der Heimarbeit zurückgeholt, doch langfristig werden viel weniger Bürokapazitäten benötigt. Manche Experten gehen von einem Minus von 20 Prozent aus, das ist rechnerisch der Bürobestand von ganz Bayern. Und dort wiederum, wo Unternehmen Büroraum anmieten, muss sich dieser massiv verändern. Denn nun ist

Austausch und mehr Kommunikation gefragt, da die Mitarbeiter zwei oder drei Tage pro Woche von anderswo aus arbeiten. Spitzenqualität wird hier weiterhin benötigt, was mit erheblichen Investitionen in moderne Büroflächen für neue Arbeitswelten verbunden ist.

In diesem Segment stehen den höheren Ertragschancen auch deutlich höhere Risiken gegenüber, deshalb bekomme ich nicht so leicht eine Finanzierung von der Bank, wie das bei Wohnimmobilien in A- oder B-Lagen der Fall ist. Die Banken denken hierbei immer an die Drittverwertbarkeit, das heißt, sie schauen sich an, was passiert, wenn der Kreditnehmer ausfällt. Wie schnell kann ich als Bank dieses Objekt verwerten oder verkaufen? Das ist bei einer Gewerbeimmobilie deutlich schwieriger als bei normalen Wohnimmobilien, da jede Immobilie individuell ist und keine standardartigen Raster existieren wie bei Wohnungen und Mietshäusern.

Dies trifft auch auf spezielle Formen von Wohnimmobilien zu, wie Denkmalobjekte oder Pflegeheime. Unser reales Beispielpaar hat unter anderem in ein Pflegeapartment investiert. Es ist also nicht so, dass diese Art von Objekten für Privatpersonen generell nicht geeignet ist – schließlich haben sie ja alle ihre Berechtigung und existieren nicht ohne Grund. Doch sowohl die Risiken als auch der Aufwand der Suche und des Betreibens sind wesentlich höher, die Finanzierung gestaltet sich schwieriger. Ab einer gewissen Portfoliogröße gehören solche Objekte allerdings zur Strategie der Diversifikation.

Auch bei klassischen Wohnimmobilien gibt es Unterschiede. Nehmen wir an, Sie wollen Ihre erste Immobilie erwerben, um sie dann zu vermieten. Sie schauen sich zwei Objekte an: Das erste Objekt ist ein wunderschönes Penthouse, ein Neubau mit 120 Quadratmetern Dachterrasse. Bei dem zweiten Objekt handelt es sich um eine 75-Quadratmeter-Wohnung mit drei Zimmern, unscheinbar. Welches Objekt würden Sie zur Vermietung eher kaufen? (Eine positive Finanzierungsentscheidung vorausgesetzt-) Viele würden wahrscheinlich zu Objekt Nummer eins tendieren.

Von diesem Gedanken müssen Sie sich aber frei machen, denn Objekt Nummer zwei wird eine viel bessere Vermietbarkeit haben, da die potenzielle Zielgruppe viel größer ist. Objekt eins wird sich nur ein kleiner Teil der Bevölkerung leisten können und somit ist dort die Vermietbarkeit meist viel schwieriger als bei Objekt Nummer zwei. Nicht zuletzt müssen Sie da auch mehr in die Suche nach Interessenten investieren. Wenn also die Dreizimmerwohnung Betongold entspricht, ist das Penthouse ein Diamant – zweifelsohne begehrter, betörender und wertvoller, doch mit einem viel kleineren Markt und einer viel komplizierteren Verwertbarkeit. Sie können den Diamanten nicht so einfach finanzieren und auch nicht so schnell verkaufen wie etwa Gold, wo Sie nur zu einem Goldhändler gehen müssen, der den standardisierten Minibarren oder die Goldmünze sofort zum Marktpreis bar erwirbt.

Beziehen Sie diese Situation einmal auf andere Anlageformen. Wenn ich in einen Aktienfonds investieren möchte, schaue ich auch nicht darauf, ob der Prospekt, der Bankberater oder der Fondsmanager gut aussehen. Entscheidend ist, ob das Ganze rentabel ist.

Ich habe schon oft folgende Erfahrung gemacht: Bei ihren Kapitalanlagen gehen die Menschen rational vor, einzig bei Immobilieninvestments werden sie emotional und wollen nur in ein Schmuckstück investieren oder sonst gar nicht, so wie es bei Andrea und Peter der Fall ist. Die beiden haben sich ja durchaus Objekte angeschaut. Aber mal fehlte ein Zimmer, mal ein Balkon. Dabei fahren viel mehr Menschen einen Golf als einen Porsche. Man muss sich vor Augen halten, dass der Durchschnittsnettoverdienst in Deutschland bei 2045 Euro monatlich liegt (2021). Daher suche ich mir Immobilien als Investment aus, die sich 80 Prozent der Menschen leisten können und wo es eine entsprechende Nachfrage gibt – und nicht die edle Penthouse-Wohnung. Die Nachfrage ist in diesem Segment viel kleiner, und im schlimmsten Fall habe ich dort längere Leerstände bei höheren Kosten, was meine Rendite beeinträchtigt; von der Bank, die die Finanzierung nur ungern angeht, ganz zu schweigen.

Deshalb muss ich bei Immobilien als Kapitalanlage meine Emotionen unbedingt außen vor lassen und meinen Fokus auf die Zahlen und gegebenenfalls das Entwicklungspotenzial des Objekts richten. Das heißt, ich darf die Entscheidung nicht aus dem Bauch heraus treffen, sondern muss meinen Kopf benutzen und rational vorgehen.

Daneben darf ich eine Immobilie niemals nur auf einen Jahresfaktor, die Mietrendite oder den Quadratmeterpreis herunterbrechen. Ich muss immer das große Ganze im Blick behalten. Wie ist der Zustand der Immobilie allgemein? Habe ich Möglichkeiten, sie weiterzuentwickeln? Wenn es sich bei dem Objekt zum Beispiel um eine unmöblierte Wohnung handelt, kann ich mit ein paar einfachen Aufwertungen vielleicht 0,5 bis 1 Euro mehr Miete pro Quadratmeter rausholen. Ich muss schauen, wie ich das Objekt finanziert bekomme, ob ich zwangsläufig Eigenkapital einsetzen muss, auch unter Berücksichtigung meiner eigenen Bonität, und was ich zukünftig an Investments plane oder bereits geplant habe.

Oftmals ist es auch so, dass Deals, die auf den ersten Blick völlig uninteressant erscheinen, sich zu Spitzendeals mausern, weil diese Objekte enormes Entwicklungspotenzial haben. Auf der anderen Seite gibt es Objekte, die am Anfang genial erscheinen und sich im Nachgang als Ruine erweisen und auf Dauer mehr Geld kosten, als sie tatsächlich einbringen. Manchmal hat man eine super Rendite und lässt sich davon blenden, dass andere Faktoren nicht so toll sind. Man muss – heute mehr denn je – schließlich immer einpreisen, wo man mittel- und langfristig sanieren müsste. Wichtig ist daher, sich immer alle Faktoren ganzheitlich anzusehen. Natürlich ist selten alles top – wie immer im Leben. Aber insgesamt müssen die wichtigsten Aspekte stimmen, damit es nicht nur heute, sondern auch in der Zukunft läuft.

Alles fängt mit dem Standort und der Lage an. Was gibt es dort für Arbeitgeber? Wie sieht es mit der Infrastruktur aus, Schulen, Kitas,

Einkaufs- und Erholungsmöglichkeiten, Einwohnerzahlen und so weiter? Weiter geht es mit dem Zustand des Objekts. Dann muss man sich die Mietverträge anschauen: Welches Potenzial besteht für Mieterhöhungen – sowohl was den Mieter, aber auch die mietrechtliche Lage vor Ort (durchaus von Bundesland und Kommune abhängig) und generell betrifft. Ich habe schon oft erlebt, dass Immobilien am Anfang klasse aussehen, aber man hat ein, zwei entscheidende Aspekte ignoriert und alles endet in einer Katastrophe. Deswegen ist es wichtig, sich nicht von Einzelfaktoren blenden zu lassen, sondern alles von A bis Z zu prüfen.

Nischen: Studentenapartment, Ferienimmobilien, Parkplätze et cetera

Zweites Objekt von Yvonne und Sebastian: Pflegeapartment in Bremen, 2019

- Kaufpreis: 192 000 Euro ohne Kaufnebenkosten, 4267 Euro pro Quadratmeter
- 18 000 Euro Eigenkapital
- 45 Quadratmeter, 604 Euro Kaltmiete mit Indexmietvertrag, 13,42 Euro pro Quadratmeter
- Zinsen: 1,9 Prozent
- Vollkommen vom Mietmarkt entkoppelt. Kein Risiko, da ein Pflegeheim nur genehmigt wird, wenn auch Bedarf vorhanden ist.
- KfW-40-Haus, also besonders energieeffizient
- Wert heute: Rund 220 000 Euro, aufgrund des Indexmietvertrags, Wertsteigerung: 14,6 Prozent

Ein Spezialfall von Immobilien und Kapitalanlagen sind beispielsweise Studentenapartments. Für sich genommen laufen sie in der Regel gut. Doch wenn ich mein gesamtes Kapital darauf setze, entsteht ein Risiko. Während der Coronapandemie beispielsweise kam es zeitweise zur Schließung von Unis – teilweise gab es zwei Jahre lang keine Präsenzveranstaltungen – und viele Studenten wohnten schlichtweg (wieder) im elterlichen Heim.

Das zeigte einmal mehr, wie wichtig es ist, zu diversifizieren. Denn an wen kann ich solch ein kleines Apartment vermieten außer an Studenten? An einen Single, an Flugpersonal oder vielleicht einen Berater, die unter der Woche in der Stadt ist und am Wochenende wieder zu Hause. Trotzdem ist die Zielgruppe begrenzt und weit entfernt von 80 Prozent der in Deutschland lebenden Bevölkerung.

Zweite Frage: An wen kann ich das Apartment später verkaufen? Letztendlich nur an Kapitalanleger. Eine größere Wohnung von 60 Quadratmetern aufwärts kann man immer an die entsprechenden Eigennutzer veräußern: Singles, Pärchen, Rentner oder an eine Familie – und natürlich auch an Kapitalanleger. Zwar nutzen manche Eltern die Gelegenheit, sich anlässlich des Studiums des Nachwuchses eine Wohnung zuzulegen. Doch dies sind in den seltensten Fällen Studentenapartments. Ein Eigennutzer wird in der Regel nicht ein kleines Apartment kaufen, sondern meistens etwas Größeres. Eigennutzerverkäufe erlösen in der Regel auch einen höheren Preis, da hier Emotionen und Lebensplanung mit hineinspielen.

Immer sollte man daher über die Exit-Strategien nachdenken, also darüber, wie das Objekt in 10 oder 15 Jahren am Markt ankommen wird. Eine Immobilie für den breiten Markt ist da wesentlich sinnvoller. Studentenapartments sind ohne Frage eine gute Ergänzung, und sie haben ihre Berechtigung, denn ich bekomme sie gut und schnell vermietet. Allerdings muss ich mit einer höheren, mitunter sehr starken Fluktuation rechnen. Das verursacht Arbeit und Kosten: die Übergabe der Wohnungen, die Suche nach neuen Mietern, womöglich Maklerprovisionen. Eine Neuvermietung hat jedoch den positiven Effekt, dass ich meine Mieten schneller nach oben anpassen kann. Obendrein habe ich in den meisten Fällen eine Bürgschaft der Eltern, was die Mietzahlungen absichert.

Eine Anlageklasse für sich stellen Ferienimmobilien dar, also ein Apartment oder gleich ein ganzes Ferienhaus. Sie ähneln zwar auf den ersten Blick den klassischen Investments in Häuser und Wohnungen, weisen aber fundamentale Unterschiede auf. Zunächst liegen die Quadratmeterpreise in touristisch attraktiven Regionen – und nur da ergibt solch eine Investition Sinn – weit über den sonst üblichen Preisen von Wohnungen. Dafür sind aber auch die monatlichen Einnahmen höher, die wiederum stark saisonal schwanken.

Aufs Jahr bezogen sollten die Einkünfte aufgrund des höheren Kaufpreises deutlich über denen von Normalwohnungen liegen. Wohnt man nicht direkt in der Nähe (was die Regel ist), sollte, ja muss man die Verwaltung delegieren. Meist läuft über dieselbe Organisation auch die Vermarktung. Natürlich kostet diese Dienstleistungen entsprechend, aber nur so ist eine ordentliche Auslastung garantiert. Ferienimmobilien erfordern zudem eine regelmäßige Instandhaltung. Die Organisation der Vermietung, die Reinigung und Wartung können zeitaufwendig sein, vor allem wenn Sie nicht in der Nähe wohnen.

Sie sehen schon: Eine Investition in Ferienimmobilien ist sehr speziell, vom Grundsatz der Kalkulation, von Wertsteigerungspotenzialen und Steuervorteilen her aber doch nichts anderes. Nur hat man einen völlig anderen Markt und andere Einnahmekonditionen. Ein Vorteil liegt allerdings auf der Hand: Man kann selbst darin Urlaub machen beziehungsweise eine längere Auszeit dort erleben, was indes auch bedeutet, dass in der Zeit keine Einnahmen generiert werden. In manchen Projekten, die komplett als Ferienanlage für viele Anleger konzipiert worden sind, ist diese Funktion über einen längeren Zeitraum aber unerwünscht oder nicht erlaubt.

Eine fundierte Immobilienanlagestrategie sollte nie auf Nischen fokussieren und immer ein weit gestreutes Immobilienportfolio beinhalten, um ein Klumpenrisiko zu vermeiden. Wir haben viele, scheinbar unmögliche Dinge in den vergangenen Jahren erlebt, besonders in der Coronazeit, als Urlausregionen an der Ost- und Nordsee gesperrt wurden. Da ist es gut, ein breit aufgestelltes Portfolio zu haben, das zu jeder Zeit die breite Masse der Bevölkerung adressiert.

Ähnlich diversifizieren sollten Sie auch beim Standort. Wer beispielsweise ausschließlich in Berlin investiert hat und hatte, hatte in den vergangenen Jahren sicher einige schlaflose Nächte. Der Mietendeckel – zum Glück vom Bundesverfassungsgericht abgeschmettert – und andere Grausamkeiten gegen Vermieter hatten dort für finanzielle Einschnitte gesorgt. Daher halte ich es für sinnvoll, sein Portfolio deutschlandweit in A- und B-Lagen zu streuen – und zwar dort, wo man einfach und stressfrei investieren kann.

Auch Investitionen in Parkplätze, Garagen oder Parkhäuser sind recht speziell. Doch tatsächlich benötigen annähernd 80 Prozent der in Deutschland lebenden Bevölkerung – Sie merken: eines meiner Lieblingskriterien – einen Stellplatz für ihr Auto, genau sind es 77 Prozent aller Haushalte. Zumindest da, wo sie wohnen, muss das Auto abends geparkt werden. Ich würde daher Park- und Stellplätze in Verbindung mit Eigentumswohnungen unbedingt in ein Portfolio nehmen. Von eigenständigen Investments in Parkhäuser würde ich Anfängern aber dringend abraten, ja selbst erfahrenen Investoren, sofern sie sich nicht in Vollzeit mit Immobilien beschäftigen. Das Feld ist zu speziell.

Gerade in Krisenzeiten können Parkhäuser bei Bürostandorten – die ohnehin unter Druck stehen – schnell leer bleiben. Der Trend zu mehr Heimarbeit spricht ebenfalls nicht für eine Investition. Auch Innenstädte, sehen wir mal von den Metropolen ab, sind durch den Niedergang des Einzelhandels bedroht, weshalb dort ebenfalls weniger Autofahrer Parkplätze suchen. Hinzukommen die zunehmende

Reglementierung des Individualverkehrs und die generelle Unsicherheit, wie sich Mobilität in den nächsten Jahren entwickeln wird.

In jedem Fall ist man mit Garagen, einem Garagenpark oder einem Parkhaus sehr eingeschränkt in der Nutzung und Vermietung. Allenfalls die Fläche wäre da werthaltig, sollte sie sich im Stadtzentrum und nicht an der Peripherie in einem Büropark befinden; wobei bei einer Verwertung das Haus wohl abgerissen oder zumindest massiv verändert wird. Außerdem gestaltet sich die Finanzierung durch die Banken schwierig. Die Institute finanzieren solche Objekte in der Regel nicht gerne, aufgrund der fehlenden Drittverwertbarkeit. Also: Finger weg! Parkhäuser sind etwas für die einschlägigen Spezialfirmen, bei denen Sie Ihr Parkticket ziehen.

Die Hebelwirkung – der mathematische Kern des Kapitalismus

Es liegt in der Natur einer Kapitalanlage, dass man einmal investiertes Geld nicht woanders anlegen kann. Das bedeutet aber auch, dass man die Renditen der jeweiligen Anlageklassen oder des Sparkontos miteinander vergleichen muss. In den vergangenen Jahren war es so, dass man auf sein Geld keinerlei Sparzinsen erhalten hat. Diese Nullrendite stand im Vergleich zu den Zinsen und Renditen bei anderen Kapitalanlagen wie etwa Aktien oder Immobilien. Jede Betrachtung der Rendite muss sich also diesem Vergleich stellen. Denn grundsätzlich ist die Idee des Kapitalismus, sein Geld möglichst lukrativ anzulegen. Wenn ich also in diesem Kapitel Zahlen anführe, sollten diese immer in Relation zu einem Sparkonto oder Aktien gesetzt werden – wobei immer auch das entsprechende Risiko zu beachten ist.

Hierzu hilft uns ein kleiner Ausflug in die jüngste Geschichte, und zwar ein Kapitel, das seit Anfang 2022 (vorerst) abgeschlossen ist. Die EZB hatte den Leitzins über die Jahre immer weiter in Richtung

0 Prozent gesenkt oder sogar Negativzinsen umgesetzt, sodass sich auch die Privat- und Geschäftsbanken gezwungen sahen, die Zinsen für Sparer immer weiter herabzusenken. In der Folge gab es keinerlei Zinsen mehr auf das Sparbuch. Vor allem dadurch wurden Immobilien als rentable Investments so populär.

Zudem ist es wichtig zu wissen, dass neun von zehn vermögenden Menschen ihr Vermögen mit Immobilien erwirtschaftet haben oder aber Teile ihres Vermögens in Immobilien angelegt haben. Wenn ich jetzt noch nicht vermögend bin, sollte ich mir die berechtigte Frage stellen, woran das liegt. Es könnte durchaus damit zusammenhängen, dass ich mich mit diesem Thema noch nicht beschäftigt und die Grundregeln und mathematischen Zusammenhänge noch nicht verstanden habe. Schauen wir uns das also einmal genauer an.

Der finanzielle Kern einer Investition in Immobilien ist in der Regel ein Kredit. Vor dieser Schuldenaufnahme haben jedoch viele Menschen Angst. Allerdings muss man bedenken, dass bei laufenden Mieteinnahmen – eine unabdingbare Grundvoraussetzung dafür, dass die Anlage funktioniert – der Mieter das Darlehen abzahlt. Zudem stehen bei klug ausgewählten Immobilien immer die entsprechenden Sachwerte den Kreditschulden gegenüber. Hinzu kommen steuerliche Effekte: Ich kann natürlich meine Kosten – vor allem also die Zinsen – absetzen. Ich würde dies nicht als Hilfe vom Finanzamt bezeichnen, denn es sind schließlich Kosten, die ich mit einer unternehmerischen Tätigkeit beziehungsweise Kapitalanlage habe, aber es ist ein Effekt, der bei der Betrachtung der Anlageklasse Immobilien besonders zu bedenken ist. Ein weiterer Pluspunkt, den ich bereits betont habe, ist der, dass ich mit einer Immobilie in Sachwerte investiert habe.

Lassen Sie uns ein konkretes Beispiel anschauen: Ich erwerbe eine Wohnung für 150 000 Euro und erziele eine Jahresmiete in Höhe von 6600 Euro. Zusätzlich zu den 150 000 Euro Kaufpreis für die Immobilie entstehen mir Kaufnebenkosten: Unter Umständen die Kosten für einen Makler, sicher aber die Notar- und Gerichtskosten sowie die Grunderwerbsteuer. Letztere variiert von Bundesland zu Bundesland und liegt in der Regel zwischen 3,5 Prozent und 6,5 Prozent vom Kaufpreis. Nehmen wir einmal eine Wohnung im nahen Umland von Dresden, also in Sachsen, mit 5,5 Prozent Grunderwerbsteuer. Dabei lande ich in Summe inklusive Makler bei 165 900 Euro. Somit habe ich gleich zu Beginn ein ganz wichtiges Ziel erreicht: Ich habe Transparenz über alle meine Kosten geschaffen, die ich für den Erwerb des Objekts aufbringen muss. Natürlich muss ich schauen, ob bei dem Objekt noch Investitionen nötig sind – doch das weiß ich vorher, und es ist Teil meiner Strategie, etwa eine Immobilie aufzuwerten und dadurch eine entsprechend höhere Miete zu nehmen. Naturgemäß fließt dies in die Betrachtung des Kaufpreises mit ein.

Rechnen wir der Einfachheit halber mit einem Gesamtkaufpreis von 166 000 Euro inklusive aller Kaufnebenkosten. In der Regel habe ich diese 166.000 Euro nicht auf dem Konto liegen. Und selbst wenn, wäre es äußerst unklug, diese komplett in die eine Wohnung zu stecken, wie ich gleich anhand der Hebelwirkung aufzeigen werde. Vielmehr sollten Sie vom selben Betrag zwei oder sogar vier Wohnungen kaufen und dafür jeweils 20 000 Euro Eigenkapital aufwenden. Yvonne und Sebastian haben dieses Prinzip angewendet und unterm Strich sogar noch weniger Eigenkapital eingesetzt. Dies ist – wenn man so will – der mathematische Kern des Kapitalismus.

Nun kommen wir aber zu dem entscheidenden Punkt, warum eine vermietete Immobilie oft sinnvoller ist als viele andere Geldanlagen. Lege ich die 20 000 Euro, die ich für den Erwerb der Immobilie eingesetzt habe, in einem Fonds oder Ähnlichem an, erhalte ich meine Verzinsung auf ebendiese 20 000 Euro. Worauf bekomme ich aber jetzt bei diesem konkreten Immobilienbeispiel meine Verzinsung? Auf ein Investment von 150 000 Euro. Hier kommt nun der sogenannte Hebeleffekt zum Tragen. Ich habe nicht 20 000 Euro Vermögen (mein Eigenkapital), sondern einen Gegenwert von 150 000 Euro.

Somit partizipiere ich an einer Wertentwicklung und der Verzinsung basierend auf 150 000 Euro; wobei selbstverständlich zu beachten ist, dass ich für den Kredit entsprechende Zinsen zahle, also Kosten habe. Doch der Mieter hilft durch seine Mietzahlungen dabei, das Darlehen abzutragen. Natürlich habe ich anfangs mein Darlehen kaum oder gar nicht getilgt, wenn ich jedoch mein »Immobilienvermögen« gegen meine »Immobilienschulden« rechne, dann neutralisiert sich dies in den meisten Fällen.

Viele haben tatsächlich emotionale Probleme damit, »Immobilienschulden« aufzunehmen. Sie sehen nur die Darlehenslaufzeit von 10 oder 15 Jahren und den »riesigen Schuldenberg«. Sie erkennen gar nicht mehr, was da für ein Vermögen gebildet wird und dass immer ein solider, verkaufbarer Gegenwert existiert, der tendenziell sogar mehr wird. Es ist schließlich etwas anderes, als wenn man eine Küche oder ein Auto finanziert. Beides verliert vom ersten Tag an Wert. Bei einer Immobilie ist es im Normalfall andersherum.

An diesem Beispiel wird deutlich, warum ein Eigenheim keine Investition ist: Ich habe keinerlei steuerliche Vorteile, ich muss alles selbst abzahlen und habe keinerlei monetäre Rückflüsse in Form von Mietzahlungen.

Das Investment in eine Immobilie ist also einzigartig: Ich spanne weitere Parteien ein, den Mieter und das Finanzamt, um meine Investition abzutragen. Das heißt, ich mache mir den sogenannten OPM-Effekt zunutze (OPM = Other People‹s Money). Ich erhalte das Geld von der Bank und arbeite mit dem Hebeleffekt, da die Zinsen (Mieteinnahmen), wie in unserem Beispiel aufgezeigt, auf der Basis von 150 000 Euro generiert werden und nicht eben nur von 20 000 Euro.

Die Vorteile von Immobilien

Fassen wir einmal kurz zusammen:

- Ich erhalte für den Erwerb der Immobilie Geld von der Bank.
- Im nächsten Schritt spanne ich den Mieter ein, der mir den Kredit abzahlt.
- Im Hinblick auf die Kaufnebenkosten sowie die Instandhaltungskosten nutze ich die selbstverständlichen steuerlichen Abzugs- und Abschreibungsregeln.
- Somit kann ich mit wenig Kapitaleinsatz einen großen Hebel realisieren und mir dadurch einen Vermögens-/Kapitalstock aufbauen.

Vorausgesetzt, es handelt sich um vermietbares, werthaltiges Objekt mit einer Heizungsanlage, die der Gesetzgeber auch künftig erlaubt, und die Miete fließt. Denn nur aus dem Mietzins werden schließlich meine Kosten beglichen, allen voran der Kredit. Wenn ich die richtige Immobilie finde, kann ich hieraus ein Modell realisieren, anhand dessen ich mir ein Einkommen erschaffe, ja womöglich sogar finanzielle Freiheit.

»Warum aber investiert dann nicht jeder in Immobilien, wenn es so einfach ist?«, werde ich oft gefragt. Viele denken immer noch, ich benötige mindestens 30 bis 40 Prozent Eigenkapital, um in Immobilien zu investieren. Andere wissen nicht, auf was sie beim Immobilieninvestment achten müssen, und ein weiterer Teil kann sich nicht damit anfreunden, Schulden aufzunehmen. All diese Dinge lassen sich lösen.

Vergessen Sie nicht: Nahezu alle vermögenden Menschen werden genau aus diesem Grund immer reicher. Sie wissen, dass es clever ist, Geld bei Banken aufzunehmen und hiermit mehr Zinsen zu erhalten, als sie an die Bank zahlen müssen. Doch nicht jede Immobilie ist automatisch Betongold. Ich muss die Spielregeln kennen und selbst aktiv werden. Vieles, aber nicht alles, lässt sich an eine Hausverwaltung delegieren, die allerdings auch ihren monatlichen Obolus einstreicht und somit die Rendite schmälert. Es gilt daher, klug vorzugehen, um einen Totalverlust zu vermeiden und nicht unnötig Geld und Zeit zu verschwenden.

Finanzielle Freiheit mit Immobilien

»Sag mal, Florian, eignen sich Immobilien für den Aufbau eines passiven Einkommens?« ist eine häufig gestellte Frage.

»Ja, in jedem Fall. Immobilien sind möglicherweise sogar der beste und sicherste Weg, um dieses Ziel zu erreichen.«

»Und wie würdest du vorgehen?«, folgt es dann gleich.

Um diese Frage zu beantworten, hole ich gern etwas aus. Zuallererst müssen Sie sich eine Strategie erarbeiten, die im Kern beinhaltet, wann Sie welches Einkommen erzielen möchten. Das kann man »passives Einkommen« oder »finanzielle Freiheit« nennen. Früher waren hierfür auch die Begriffe Privatier oder Rentier geläufig – Personen, die überwiegend von Aktienerlösen oder Immobilieneinnahmen leben. Diese Bezeichnungen findet man aber nur noch in historischen Romanen.

Nachdem der Zeitplan feststeht, ermitteln Sie im zweiten Schritt, wie hoch das passive Einkommen sein soll. Anschließend berechnen Sie Ihren Kapitalbedarf. Ein Beispiel:

- Ich möchte 5000 Euro netto pro Monat an passivem Einkommen erzielen.
- Hierfür benötige ich etwa 7500 Euro Bruttoeinnahmen (also Einnahmen nach Abzug der Kosten). Wir erinnern uns: Bei Yvonne und Sebastian liegt die Zielmarke bei 10 000 Euro.

- Daraus wiederum errechne ich, wie viel Immobilienwert ich hierfür benötige: 1,8 Millionen Euro.
- 7500 Euro entsprechen 90 000 Euro Jahresmieteinnahmen und damit genau 5 Prozent von 1,8 Millionen Euro. (Erklärung der Berechnung: 7500 × 12 × 20 = 1,8 Millionen Euro.)
- 5 Prozent bilden die von mir anvisierte und realistische Verzinsung, was wiederum dem Faktor 20 entspricht: Ich brauche 20 Jahresmieten, um den Kaufpreis wieder reinzuholen. Der Faktor 20 oder die 5 Prozent Verzinsung sind gute und wichtige Orientierungspunkte (immer vor Steuern).

In der Regel lassen sich fast alle »normalen« Objekte über die Zeit auf eine Rendite von 5 Prozent oder mehr entwickeln. Wichtig ist, dass dabei das Verhältnis von Kaufpreis und Investition auf der einen Seite und (künftiger) Mieteinnahmen auf der anderen stimmt. Je höher der Jahresfaktor, umso geringer die Verzinsung. Allerdings ist nicht nur die anfängliche Mietrendite wichtig, sondern die Langfristigkeit, der Objektzustand und die dauerhafte Vermietbarkeit des Investments – eben eine Gesamtbetrachtung.

Habe ich nun dieses konkrete Zielbild errechnet und vor Augen – Immobilien im Wert von 1,8 Millionen Euro –, kann ich mir Gedanken darüber machen, wie ich das realisieren möchte. Zum Beispiel durch den Kauf zweier größerer Objekte, von Mehrfamilienhäusern oder aber durch den Erwerb von vier, fünf oder sechs Wohnungen; je nachdem, wie groß sie sind und wo sie sich befinden. Habe ich anschließend den Zeitraum festgelegt, über den ich meine Objekte vollständig getilgt haben möchte, kann ich hieraus errechnen, wie viel Budget ich dafür monatlich in die Hand nehmen muss.

Von der Idee zur Tat

Wie fange ich nun an, in Immobilien zu investieren? Natürlich liegt jeder Fall anders, nichts lässt sich in ein stets gültiges Raster packen. Aber es gibt wiederkehrende Muster.

Die Planung: Finanzbedarf und Lebenserwartung

So oder so ähnlich könnte es also in der Praxis ablaufen – vom ersten allgemeinen Gespräch mit einem Interessenten über die gemeinsame Zieldefinition bis hin zur Immobilienfindung, Bankenfinanzierung, dem Notartermin und darüber hinaus: Ein 30-jähriger Mann mit rund 3500 Euro Nettoverdienst kommt zu mir, weil er sich für die Themen Kapitalanlage, Immobilien, Altersvorsorge und passives Einkommen interessiert. Er hat nur wenig Vorwissen und kein Ziel, aber er weiß, dass er etwas tun muss und möchte.

Im ersten Gespräch geht es erst einmal darum, sich näher kennenzulernen. Ich erläutere dem jungen Mann, wie ich vorgehe und geeignete Objekte auswähle – und was genau die von mir oft erwähnten Spielregeln sind. Passt das alles für ihn, gehen wir zur Strategie über. Das heißt, im ersten Termin schauen wir uns keinerlei Objekte oder Exposés an. Ich stelle zunächst viele Fragen, um möglichst viel über ihn zu erfahren. Hier ein kleiner Auszug:

- Wann genau möchten Sie in Rente gehen?
- Wie viel Rente wollen Sie bekommen?
- Haben Sie bereits Vorsorge betrieben?
- Gibt es Erbschaften oder Schenkungen – oder sind diese zu erwarten?
- Oder möchten Sie vielleicht mit 50 eine Weltreise machen?

Die Antworten darauf geben mir und uns eine deutlich bessere Planbarkeit und ich wiederum kann dies in ein maßgeschneidertes Konzept für ihn gießen.

In diesem Fall möchte er später sein Einkommen in Höhe von 3500 Euro netto halten (natürlich wird es im Laufe seines noch langen Berufslebens mehr werden, aber das ist aus heutiger Sicht das Ziel). Hieraus kann ich berechnen, was er genau im Alter von 65, 67 oder 70 Jahren benötigen wird. Die Inflation muss ich hierbei unbedingt berücksichtigen. Zwar kenne ich deren Höhe nicht, und die vergangenen Jahre haben uns gezeigt, wie die Inflation aus dem Nichts wieder auftauchen und sofort ungeahnte Höhen erreichen kann. Daher muss ich mit Szenarien arbeiten – ein Dilemma, doch niemand kann seriös die Inflation in 30 oder 40 Jahren prognostizieren. Daher bietet es sich an, immer einen ordentlichen Risikopuffer einzuberechnen – und vor allem in inflationsgeschützte Immobilien zu investieren.

Ganz entscheidend ist selbstverständlich auch das Renteneintrittsalter in Verbindung mit der Lebenserwartung, was übersetzt auf unser Thema heißt: »Wie lange muss das Geld reichen?« Während das Renteneintrittsalter gesetzlich vorgegeben oder persönlich mit den entsprechenden Abschlägen entschieden wird, kennt die Lebenserwartung im konkreten individuellen Fall niemand – wohl aber den statistischen Wert, beispielsweise bezogen auf alle Bundesbürger. Wichtig ist dabei auch zu wissen, dass die Lebenserwartung nicht nur generell ständig steigt – außer während der Coronapandemie –, sondern auch in jedem einzelnen Jahr für den jeweiligen Jahrgang. Wer also ein entsprechendes Alter erreicht hat, wird statistisch gesehen noch älter, als es die Lebenserwartung für den Jahrgang der Neugeborenen vorsieht – da er oder sie schon viele Hürden und Lebensrisiken gemeistert hat.

Die Lebenserwartung in Deutschland ist in den vergangenen 150 Jahren beträchtlich gestiegen, vor allem aufgrund des medizinischen Fortschritts, des hohen Lebensstandards und weil die Säuglings- und Kindersterblichkeit drastisch verringert worden ist. Im internationalen Vergleich nimmt Deutschland allerdings keine Spitzenstellung ein – mehr als 20 Länder weisen derzeit höhere Werte auf, auch unsere Nachbarländer Österreich, die Schweiz oder Frankreich.[72] Die Lebenserwartung von Jungen liegt bei 78,5 Jahren, von Mädchen bei 83,4 Jahren.[73] Das aber ist ein statistischer Durchschnittswert. Die Lebenserwartung von Jüngeren oder heute Geborenen ist weit höher – und so lange muss auch das Geld reichen.

Aus der Betrachtung von Inflation und angenommener Lebenserwartung – durchaus auch auf der Basis von Szenarien – leiten wir den Kapitalbedarf des jungen Mannes ab. Sofern er noch am Nullpunkt steht, noch nichts besitzt und sagt, er möchte dies größtenteils durch Immobilien erwirtschaften, schauen wir uns gemeinsam an, wie viele Wohneinheiten er dafür benötigt. Dies kann zum Beispiel durch vier Wohnungen à 150 000 Euro geschehen oder ein Mehrfamilienhaus.

Danach klopfen wir gemeinsam ab, was er bereit ist zu investieren – sowohl einmalig in Form von Eigenkapital, das er beim Kauf einbringt, und/oder in Form monatlicher Sparraten. Die beiden grundsätzlichen Möglichkeiten »Cashflow sofort« versus »Sparplan« habe ich bereits im Abschnitt »Immobilien als Teil einer Anlagestrategie« dargelegt.

Im Anschluss arbeite ich ein Konzept aus. Hierfür muss mir der junge Mann natürlich wichtige Unterlagen zu seiner Einkommens- und Vermögenssituation zur Verfügung stellen. Dies ist ein zentraler

Punkt für die Banken, wie wir später sehen werden. Damit es später keine bösen Überraschungen gibt, muss ich da im Bilde sein.

Ich stelle dem Kunden zu einem späteren Termin ein bis maximal zwei Konzepte vor – nicht mehr. Es hat keinen Zweck, ihm zehn Vorschläge zu unterbreiten. Schließlich ist es gerade meine Aufgabe, eine Vorauswahl zu treffen – und es gibt nicht zehn gleichwertige Optionen. Stellen Sie sich mal vor, Ihr Facharzt würde Ihnen zehn Behandlungsmethoden vorstellen und Sie bitten, sich eine davon auszusuchen.

Unser 30-jähriger Interessent kann nun das für sich passende Konzept auswählen oder dem nur einen zustimmen. Daher betrachte ich mich auch nicht als klassischen Makler, sondern im weitesten Sinne als Finanzberater mit dem Schwerpunkt Immobilien. Immobilien sind für uns und mich lediglich das Vehikel, um die Altersvorsorge, Geldanlage oder Kapitalanlage für unsere Kunden zu lösen.

Nachdem ich also dem Interessenten im zweiten oder dritten Termin das Konzept vorgestellt habe und er es für interessant befunden hat, gehen wir in die konkrete Umsetzung: Wir besichtigen die Objekte, prüfen parallel die Finanzierung, geben Hinweise, wie man Objekte verbessern und entwickeln kann, und was zu tun ist, wenn beispielsweise Rücklagen in der Eigentümergemeinschaft nicht genügend bespart wurden.

Geht es um ein Mehrfamilienhaus, gehen wir noch tiefer in die Details – denn da gibt es viel mehr Handlungsmöglichkeiten und auch Fallstricke. Was kann man verbessern? Besteht vielleicht die Möglichkeit, aufzustocken oder auszubauen? Sprich: Kann man bisher ungenutzte Potenziale heben?

Sobald alle Fragen und offenen Punkte geklärt sind, auch hinsichtlich der Finanzierung, wird der Kaufvertrag erstellt und wir begleiten den jungen Mann zum Notartermin.

Doch damit ist unsere Arbeit an der Immobilie nicht vorbei: Sofern es der Kunde wünscht, übernehmen wir im Nachgang die

Sondereigentumsverwaltung. Das heißt, wir kümmern uns um Themen wie die monatliche Mietverwaltung, die Neuvermietung, Mieterhöhungen, die Nebenkostenabrechnung und auch die Planung, Durchführung und Überwachung von Handwerkerarbeiten sowie die Organisation von Hausmeistertätigkeiten.

Neben der Immobilie interessiert uns vor allem die Finanzsituation unseres Kunden. Auch hierfür sind wir weiter aktiv. Und daher treffen wir uns meist ein- bis viermal im Jahr, um die weitere Strategie zu besprechen und zu verfeinern. Oft haben wir bei einem solchen Kunden nach zweieinhalb bis dreieinhalb Jahren das Ziel und seine Portfoliogröße erreicht. Viele gehen dann aber weiter. Denn es ist so, wie wenn man regelmäßig Sport treibt. Es kann süchtig machen. Genauso ist es mit Immobilien: Die meisten möchten sich immer weiter vergrößern und ihr Portfolio ausbauen.

Mehrfamilienhaus oder Eigentumswohnung?

Für viele Menschen mit dem entsprechenden Budget stellt sich die Frage: Mehrfamilienhaus oder Eigentumswohnung? Wie so oft gibt es auch hier Vor- und Nachteile, allerdings bis auf den Wert beziehungsweise den Kaufpreis keine gravierenden.

Bei einer Eigentumswohnung ist man Teil einer Gemeinschaft, was wiederum positive und negative Effekte haben kann. Im Idealfall kann man auf Autopilot schalten und im Vergleich zu Häusern stressfreier investieren. Man muss sich einfach weniger kümmern. Das funktioniert aber nur bei Objekten, die gut gemanagt sind. Daher ist es wichtig, sich vor dem Verkauf die Protokolle der Eigentümerversammlungen aufmerksam durchzulesen. Wie agiert die WEG-Verwaltung (Wohnungseigentümergemeinschaft), sind ausreichend Rücklagen gebildet worden und hat auch jeder Eigentümer eingezahlt? Wie ist der Objektzustand? Eine katastrophale WEG-Verwaltung kann ein Objekt durchaus in den Ruin führen. Das muss man alles vorher prüfen und in Erfahrung bringen. Der Verkäufer wird es einem eher nicht erzählen.

Ansonsten trägt die Gemeinschaft auch zum Streuen des Risikos bei. Wenn eine neue Fassade angesagt ist oder das Dach erneuert werden muss, zahlt man anteilig seinen Beitrag. Auch ein Verkauf ist – angesichts des geringeren Preises im Vergleich zu einem Haus – leichter. Es gibt viel mehr Interessenten, der Markt ist größer. Es kann sich eben nicht jeder ein Zinshaus, wie man auch sagt, leisten. Und nicht jeder erhält dafür eine Finanzierung.

Bei Mehrfamilienhäusern hat man meistens, nicht immer, einen höheren Cashflow. Das liegt auch daran, dass, wenn mal eine Wohnung saniert werden muss oder bei einem Mieterwechsel kurzfristig nicht vermietet werden kann, nicht gleich der Cashflow zusammenbricht (wobei man diesen Eigentumswohnungsnachteil wiederum mit mehreren Eigentumswohnungen ausgleichen kann). Zudem kann man bei Häusern allein entscheiden, man ist nicht auf das Wohlwollen oder die Zustimmung der anderen angewiesen. Wenig überraschend ist ein Haus komplexer. Auch wenn man eine Verwaltung hat, sollte man sich mit den wesentlichen Dingen auskennen.

Wie finde ich die richtige Immobilie?

Wie aber identifiziere ich gute Lagen und Objekte? Viele denken, dass gute Lagen sehr beliebt sind und es deshalb unmöglich sei, dort geeignete Objekte zur Kapitalanlage zu finden. So ist es nicht, sonst würden in A-Lagen und -Standorten Immobilien ja nicht den Besitzer wechseln. Dort, wo ich meinen Fokus und meine Energie reingebe, werde ich meist auch fündig. Allerdings muss man deutlich länger suchen und die Angebote, die reinkommen, stärker aussortieren. An dieser Stelle bietet es sich an, auf Profis zurückzugreifen, vor allem Makler. Denn diese verfügen über das nötige Netzwerk, das sich für solche Lagen und Standorte auszahlt. Uns zum Beispiel werden sehr viele Objekte angeboten, weil wir den Ruf haben, uns schnell zu entscheiden und Kaufinteressenten mitzubringen.

Es kann aber auch durchaus ein halbes bis ein Jahr dauern, bis ich passende Objekte finde – schließlich sind nicht in jeder Gegend ständig Immobilien auf dem Markt. Manche Eigentümer verkaufen gar nicht, da sie langfristig und in Generationen denken. Daher investiere ich wöchentlich Zeit, um Maklerkontakte aufzubauen oder Verbindungen zu Eigentümern herzustellen. Natürlich hilft Vitamin B, weil der Großteil der Immobilien unter der Hand weggeht, also bevor sie in den Verkauf kommen oder auf den gängigen Portalen inseriert werden. Meiner Meinung nach werden 90 Prozent der Kapitalanlageimmobilien außerhalb des Markts verkauft. Man kann zwar Glück haben, dass man in Onlineportalen einen guten Deal findet. Dies ist aber selten.

Soll ich nun einen Makler hinzuziehen? Schließlich muss ich doch dann eine Provision berappen. Das ist eine alte Frage! Zunächst: Makler arbeiten hart und verdienen sich ihr Geld. Viele Käufer sehen nur, dass sie ein Objekt über eine Anzeige gefunden haben, den Makler kontaktieren und es irgendwann zum Abschluss kommt. Doch das ist nur ein Ausschnitt aus deren Tätigkeit, wie gerade anhand der Kontaktarbeit beschrieben. Gute Makler haben sich jahrelang ein Netzwerk aufgebaut, das Objekt an Land gezogen, es womöglich etwas aufgepeppt, Exposés erstellt und Marketing betrieben – um dann Dutzende von Interessenten durch das Objekt zu lotsen. Diesen Aufwand sieht der Käufer meist gar nicht, er muss aber abgegolten werden.

Zudem muss man auch hier die Gesamtkosten betrachten, die Maklergebühr ist nur ein Teil davon. Seit der Reform der Maklerprovision – die Aufteilung der Courtage zwischen Käufer und Verkäufer – kann man besser verhandeln und man zahlt nur noch die Hälfte.

Je nach Bundesland hat früher der Käufer die Maklercourtage komplett bezahlt. Jedenfalls sind Objekte vom Makler nicht zwangsläufig teurer. Private Verkäufer ohne Makler haben womöglich die nicht zu zahlende Provision eingepreist. So oder so: Besser ein gutes Objekt mit Makler als kein oder ein schlechtes Objekt ohne Makler.

Was macht eine gute Immobilie aus?

Eine weitere oft gestellte Frage lautet: Gibt es eine Art Schnelltest, anhand dessen ich herausfiltern kann, wie gut die Lage des jeweiligen Objekts ist?

Einen Schnelltest im Sinne vom »entscheidungsreifer Vorlage« gibt es nicht. Aber natürlich gehe ich nach einem Raster vor. Dabei landen einige Objekte schnell im Aus.

Ich gehe systematisch vor: Wenn ich ein Objekt in einer Lage gefunden habe, die ich noch nicht so gut kenne, werfe ich erst mal einen Blick auf die Einwohnerzahl. Sofern diese Stadt weniger als 100 000 Einwohner hat, muss ich schauen, wie gut die Infrastruktur vor Ort ist. Wann erreiche ich wie die nächstgrößere Stadt und welche Arbeitgeber habe ich in der Umgebung? So war es auch in Waldenburg in Sachsen, wo ich an Yvonne und Sebastian eine Wohnung vermittelt habe.

Der nächste Schritt ist der Blick in die gängigen Onlineportale: Wie viele Wohnungen stehen da gerade zur Vermietung? Viele Wohnungen im Angebot könnten ein Indiz für hohen Leerstand sein. Werden aber nur 10, 20 oder 30 Wohnungen offeriert und sind die meisten nach fünf oder sieben Tagen wieder aus dem Portal entfernt worden, spricht das eher für eine hohe Nachfrage von Mietern. So war es auch in Waldenburg.

Dann sollte ich genau betrachten, welche Art, also vor allem Größenordnung von Wohnung dort gesucht wird. Eine kleine, mittlere oder größere Wohnung? Eine Unterteilung nach Stadtteilen ist in jedem Fall sinnvoll. In einigen Vierteln leben eher Singles oder Pärchen, woanders Studenten, Rentner und Familien. Auf dieser Basis muss ich analysieren, wo welche Grundrisse gefragt sind.

Oft höre ich: »Ich hätte gern ein Apartment in Köln.«

Ich erwidere daraufhin: »Wo denn in Köln?«

Der Kunde sagt dann, das sei ihm egal, Hauptsache, Köln: »Köln geht immer.«

»Nein«, sage ich, »nicht immer! Wir müssen genau auf die Mikrolage schauen, in welchem Stadtteil das Objekt ist. Nicht in jedem Stadtteil funktioniert es. Vielleicht bekommen wir es vermietet, aber nicht langfristig und vernünftig.« Und natürlich haben die Viertel auch unterschiedliche Reputationen. Das heißt, ich muss mir nicht nur die Makrolage – also Köln als Ganzes –, sondern auch die Mikrolage genau anschauen und diese analysieren. Welche Wohnungen werden in den jeweiligen Stadtteilen nachgefragt und wie ist dort die Entwicklung des Mietspiegels?

Aus diesen Faktoren ergeben sich gleichzeitig die K.-o.-Kriterien: Die Infrastruktur ist schlecht oder die Einwohnerzahl zu gering, Arbeitgeber verlassen die Region beziehungsweise Stadt und junge Menschen ziehen weg. Sollten gleich zwei oder mehrere Dinge davon zutreffen, würde ich die Finger davon lassen. Ist bis dahin jedoch alles im grünen Bereich, kommt es in allererster Linie auf den Objekt- und Wohnungszustand an. Wann wurde was wie saniert? Wie viel Rücklagen sind bei einer Eigentumswohnung vorhanden? Und was steht in den nächsten Jahren noch an?

Wichtig sind selbstverständlich auch die Einnahmen, ausgedrückt vor allem durch die Mietrendite. Wichtige Fragen sind hierbei: Wie, also durch welche Maßnahmen, kann ich die Miete noch entwickeln? Dabei ist die Mietrendite kein alleiniges Entscheidungskriterium – wenn sie miserabel ist, allerdings schon. Doch auch wenn sie bei 5 oder 6 Prozent rangiert, hat man nichts davon, wenn in den nächsten Jahren umfangreiche Sanierungen für 30 000 Euro anstehen. Liegt sie hingegen bei 4 Prozent, was man in vielen Metropolen gar nicht erreicht, und alles ist durchsaniert, sollte man wiederum zuschlagen.

Sanierungen fallen bei Neubauten im Idealfall erst einmal nicht an. Doch sie sind deshalb nicht unbedingt für Kapitalanleger zu empfehlen. Denn wie erwähnt kommen sie – vor allem aufgrund der hohen Bau- und Grundstückskosten– mit gesalzenen Kaufpreisen auf den Markt. Damit lässt sich kaum eine akzeptable Mietrendite erwirtschaften. Fast immer sind daher ausschließlich Bestandsimmobilien relevant, deren Zustand natürlich gut sein sollte. Da weiß man eher, worauf man sich einlässt, und kann alles besser abschätzen.

Die Bedeutung der Lage und des Standorts

Drittes Objekt von Yvonne und Sebastian: Eigentumswohnung in Krefeld, 2020

- Kaufpreis: 174 000 Euro, inklusive Kaufnebenkosten, 159 210 Nettokaufpreis, davon 15 000 für einen Stellplatz, 2403 Euro pro Quadratmeter
- Ohne Eigenkapital
- Modell »mittelfristiger Sparplan«
- 60 Quadratmeter, 660 Euro Kaltmiete, Staffelmiete mit jährlicher Erhöhung von 3 Prozent, 11 Euro pro Quadratmeter
- Mietrendite 4,5 Prozent
- Zinsen: 1,3 Prozent
- Kaufanlass war eine Gehaltserhöhung, die zur Bedienung des Kredits aufgewendet wird, da negativer Cashflow
- Wert heute: 180 000 Euro durch Staffelmietvertrag, Wertsteigerung: 13 Prozent

Wir wollen mit Immobilien langfristig Erfolg haben – und nicht nach kurzer Zeit nach dem Auszug eines Mieters mit Leerstand kämpfen. Daher ist es wichtig, neben dem passenden Objekt in die richtige Lage und den richtigen Standort zu investieren. Bei beidem sollte man A- und B-Lagen beziehungsweise -Standorte anvisieren. Der Unterschied: Mit Standorten sind die Städte und Regionen gemeint, mit der Lage das Viertel oder sogar die konkrete Adresse. Denn auch innerhalb eines Viertels kann sich die Lagequalität erheblich unterscheiden. Irgendwo ist eine stark befahrene Straße, und der Blick auf den See oder gar der Zugang zum See ist meist auch nur aus der ersten Reihe möglich.

In der Regel spielt an A- und B-Standorten die Musik: Dort gibt es Arbeitsplätze gepaart mit einer meist guten Infrastruktur, Kultur- und Freizeitangeboten. Wenn ich als Vermieter eine Wohnung in A- und B-Lagen inseriere, bekomme ich bereits am ersten Tag 80 oder gar 100 Anfragen. Wenn ich mich hingegen in C- und D-Standorten bewege, habe ich mit 20 Anfragen im Monat Glück. Ich kann somit in A- und B-Lagen aus dem Vollen schöpfen und die Mieten besser und einfacher anpassen.

Was sind nun gute A- und B-Standorte in Bezug auf die größeren Städte und vor allem Ballungsräume? Als Beispiel möchte ich hier Nordrhein-Westfalen, wo ich vorrangig tätig bin und wo meine Heimat ist, und Bayern nehmen. Wichtig ist an dieser Stelle: Ich meine in diesem Abschnitt nicht die klassischen Kategorien der A- und B-Städte. Vielmehr stehen A und B für die Bedeutung und Qualität der Standorte.

Beginnen wir mit Nordrhein-Westfalen: Typische A-Lagen sind hier Köln und Düsseldorf. Bei Essen, Krefeld, Bonn, Mönchengladbach oder Troisdorf – Letzteres, weil es an Köln angrenzt – würde man eher von einem B-Standort sprechen; in Teilen auch B minus. Zu schwächeren B-Lagen gehört auch Oberhausen. Hier profitiert man aber vom Umfeld und der guten Infrastruktur. Schauen Sie sich immer die Einwohnerzahlen und deren Entwicklung an. Ebenso wichtig ist wie gesagt auch, welche Arbeitgeber dort aktiv sind. Liegt der wirtschaftliche Fokus zu stark auf einer Branche, könnte dies mittelfristig Probleme mit sich bringen. Man sieht dies an BASF in Ludwigshafen, die den Standort wegen der hohen Energiekosten hierzulande immer mehr infrage stellt. So etwas kann schnell kippen.

Dagegen ein Beispiel aus Bayern: Wir hatten vor einiger Zeit ein Objekt in Fürth. Das ist keine Stadt mit großer Bedeutung, aber Fürth profitiert extrem von seiner Nähe zu Nürnberg und Erlangen. Dieses Dreieck Fürth-Nürnberg-Erlangen hat rund 800 000 Einwohner, und dort arbeiten tagtäglich über 1,5 Millionen Menschen. Das schafft noch nicht mal Berlin. Im Vergleich dazu hat Köln mehr als eine Million Einwohner, aber hier arbeiten tagtäglich »nur« etwas mehr als 500 000 Menschen. In Fürth könnten also möblierte Mikroapartments interessant sein, die Unternehmen für ihre Mitarbeiter anmieten.

So gehen wir also vor, um Lagen zu analysieren. Dieses Prinzip können Sie deutschlandweit anwenden. Suchen Sie immer nach großen Arbeitgebern in der Umgebung Ihres Standortes, nach Landeshauptstädten oder Universitätsstädten. Preisen Sie bei Unternehmen aber immer auch das Risiko ein. Nehmen wir beispielsweise die Region Rhein-Neckar. Hier sind namhafte Konzerne wie die BASF AG oder die Daimler AG angesiedelt. Doch wie sich diese nach dem Aus von Verbrennermotoren oder angesichts der Energiepreise entwickeln, das steht auf einem anderen Blatt.

Wertvolle Kontakte

Sie fragen sich nun sicherlich, welche Kontakte und Quellen Sie anzapfen und pflegen sollten. Ich habe etliche Kontakte, mit deren Hilfe ich mir eine Deal-Pipeline aufbaue, in der sich permanent Objekte für meine Kunden befinden.

- Hierzu gehören in jedem Fall Kontakte zu Bauträgern.
- Aber auch gute Verbindungen zu Maklern, speziell zu denen, die sich auf Kapitalanlageimmobilien spezialisiert haben, können wie ein Turbo wirken. Das ist ja auch deren Job!
- Besitzen Sie bereits Eigentumswohnungen, ist es sinnvoll, direkt die Eigentümergemeinschaft anzuschreiben und ihr mitzuteilen, dass Sie gern weitere Wohneinheiten erwerben möchten. Machen Sie das regelmäßig, etwa einmal in sechs Monaten, um Ihr Interesse zu bekräftigen. Für die persönliche Kontaktaufnahme eignen sich naturgemäß die Eigentümerversammlungen besonders.
- Engagieren Sie sich möglichst im Eigentümerbeirat. Da hören Sie das Gras wachsen – und Verkaufsinteressenten wenden sich womöglich direkt an Sie.
- Bauen Sie auch einen Draht zu den Verwaltern der Wohnungseigentümergemeinschaften (WEGs) auf. Diese werden oft von Eigentümern kontaktiert, wenn sie verkaufen möchten. Oft ist dieser Tipp aber nicht gratis. Viele Verwalter agieren in diesem Fall gleichzeitig als Makler.
- Ebenso wertvoll sind gute Kontakte zu Steuerberatern und Rechtsanwälten, da diese oft zuerst erfahren, wenn Veränderungen beim Vermögen anstehen oder nötig sind. Denn Vermögen bedeutet wie gesagt fast immer auch Immobilien.
- Aus demselben Grund sind Testamentsvollstrecker oder Scheidungsanwälte Gold wert. Dies mag sich makaber anhören, aber häufig werden bei Scheidungen Objekte verkauft oder müssen verkauft werden. Dann entfällt auch die zwangsläufige und durchaus beachtenswerte Frage bei einem Kauf, warum sich der Besitzer wohl von seinem Objekt trennt. Hier ist es klar: Die Ex-Partner wollen nichts mehr miteinander zu tun haben, selbst wenn es eine lukrative Immobilie ist, sie mit Verlust verkaufen und/oder sie noch gar nicht abgezahlt ist

und sie an die Bank eine Vorfälligkeitsentschädigung zahlen müssen.

- Und natürlich nicht zu vergessen: die Kontaktpflege zu den Bankern.

In der näheren Umgebung suchen

Viele Menschen wollen unbedingt ein Objekt in ihrer Nähe erwerben. Das ist ja auch sehr praktisch: Man kennt die Gegend und kann schnell vor Ort sein, wenn etwas kaputt oder zu regeln ist. Aber ist es sicher und sinnvoll, wenn ich auf dem Land wohne, auch dort zu kaufen? Oder: Ich wohne in der Großstadt, Wohnungen werden hier immer gut vermietet – doch ich finde einfach keine passende Immobilie und stelle daraufhin die Suche ein.

Deswegen sollten Sie sich öffnen. Natürlich ist es nicht sinnvoll, am anderen Ende Deutschlands zu vermieten. Doch erweitern Sie Ihren Radius, sonst sind die Möglichkeiten und Angebote viel zu begrenzt. Zumal Sie die vermietete Immobilie ja nicht selbst bewohnen.

Finanzierung

An ihrem letzten Tag in Spanien teilen sich die beiden Paare zwei große Pfannen Paella Valenciana, zubereitet mit Hühnchen, Kaninchen, Meeresfrüchten und Safranreis. Als sie mit dem Essen fertig sind und ausführlich ihre Urlaubserlebnisse haben Revue passieren lassen, kommt Peter noch mal auf die Ziele von Yvonne und Sebastian zurück. Als Ingenieur denkt er in Prozessen. »Okay, das Ziel ist klar: 10 000 Euro monatlich. Aber wie kommt ihr dahin, was ist eure Strategie, vor allem bei der Finanzierung? Wir verdienen ja in etwa dasselbe. Aber deshalb kann man ja nicht gleich im Jahrestakt sechsstellig investieren …«

»Musst du ja auch nicht«, sagt Peter, während er sein Glas hebt. »Wir wollen so viel Fremdkapital wie möglich investieren, wegen des Eigenkapitalhebels und weil wir auf diese Weise mehr erwerben können. Oft haben wir komplett fremdfinanziert, was so heute nicht mehr möglich ist. Selbst bei unserer teuersten Immobilie, dem Denkmalhaus in Leipzig, waren es bei 267 000 Euro gerade einmal 13 Prozent Eigenkapital. Wenn die Miete zur Kredittilgung für unsere sechs Wohnungen nicht ausreicht, können wir aus unseren Einkommen immer noch was hinzugeben. Das ist Teil des Konzepts, Florian nennt es wie gesagt das ›Modell Sparplan‹. Denn obwohl unsere Strategie sehr kreditlastig ist, wollen wir so schnell wie möglich alles zurückzahlen. So kann man, glaube ich, unsere Strategie zusammenfassen, nicht wahr, Schatz?« Sebastian schaut zu Yvonne.

»Ja, bestens!«, erklärt sie. »Es gibt natürlich noch die andere Variante, wo ihr sofort monatliche Einnahmen generiert. Aber dazu benötigt

man mehr Eigenkapital, sagen wir mal mindestens 30 bis 40 Prozent in der heutigen Zinssituation – und dann hätten wir viel weniger Immobilien erworben. Daher haben wir uns für diese Strategie entschieden, um mit einem gegebenen Eigenkapital so viel wie möglich zu erwerben. Wir benötigen derzeit ja keine Zusatzeinnahmen. Außerdem hatten wir anfangs noch vor, uns mal ein Eigenheim zuzulegen, was wir aber verworfen haben.«

»Ihr fragt, als hätten wir euch endlich überzeugt«, mutmaßt Sebastian.

»Ja, schon ... durchaus. Ach, am besten ihr gebt uns noch mal die Telefonnummer von Florian«, sagt Andrea.

»Gern. Haben wir zwar schon ein paarmal gemacht, aber vielleicht klappt es ja dieses Mal. Seht einfach auch, was ihr durch euer jahreslanges Zögern schon verpasst habt.«

Die Rolle von Eigen- und Fremdkapital habe ich schon mehrfach beschrieben. Natürlich klingt es anfangs einleuchtend, etwaiges vorhandenes Eigenkapital vollständig für den Immobilienkauf einzusetzen und somit keinerlei oder nur wenig Schulden zu haben. Doch steht dem gegenüber, dass man dadurch in seinem Investitionsvolumen begrenzt ist und auf sein Eigenkapital nur eine geringe Verzinsung erhält. Die Hebelwirkung habe ich bereits erklärt. Aus diesem und anderen Gründen liegt es für mich auf der Hand, dass man für seinen Immobilienkauf Geld aufnimmt, um so wesentlich mehr investieren zu können.

In der Vergangenheit waren sogar 100-Prozent-Finanzierungen möglich. Diese Zeiten sind zwar vorbei, doch 80- bis 90-Prozent-Finanzierungen sind je nach Bonität und Situation immer noch drin. Ich weiß, dass sich viele generell davor scheuen, einen Kredit aufzunehmen – besonders einen so hohen, wie es bei Immobilienkäufen allein vom Volumen her nötig ist, und wenn es das erste Mal ist. Doch solange die Mieteinnahmen sprudeln und es sich nicht um eine Schrottimmobilie handelt, stehen dem immer Werte und Einnahmen gegenüber. Was derzeit für die Finanzierungshöhe und den Eigenkapitaleinsatz gilt, kann sich in ein bis drei Jahren auch wieder verändert haben. Wichtig hierbei ist, den Markt zu beobachten.

Ein besonderes finanzielles Risiko, das im Hinterkopf mancher schwirrt, ist somit nahezu ausgeschlossen – dafür sorgt allein schon die Bank mit ihren immer schärfer werdenden Prüfungen des Kreditantrags. Wenn sie grünes Licht gibt, kann man das als eine Art Gütestempel ansehen, auch wenn es freilich keine Erfolgsgarantie ist. Selbst wenn der schlimmste Fall eines monatelangen Mietausfalls eintritt, vielleicht kombiniert mit nötigen Instandsetzungen, steht dem immer ein Immobilienwert gegenüber.

In der Regel führt also an einem Kredit kein Weg vorbei – für jene mit wenig Eigenkapital ohnehin, aber selbst dann, wenn man bereits vermögend ist. Es gibt mehrere Gründe, warum es sinnvoll ist, bei einem Immobilienkauf einen Kredit aufzunehmen und nicht alles mit eigenem Kapital zu bezahlen:

1. **Hebelwirkung:** Wenn Sie einen Kredit aufnehmen, um eine Immobilie zu kaufen, erhöht sich die Hebelwirkung. Mit dem gleichen Betrag an Eigenkapital können Sie nämlich eine größere Immobilie oder mehrere kaufen. Wenn die Immobilie an Wert gewinnt, wird der Gewinn auf das gesamte Investitionsportfolio bezogen, einschließlich des geliehenen Geldes, was zu einer höheren Rendite führen kann. Zudem ist die Rendite auf das Eigenkapital je nach Kalkulation und Situation höher, da der Kredit höhere Investitionen und somit Einnahmen ermöglicht.
2. **Diversifikation:** Wenn Sie das gesamte Eigenkapital in eine Immobilie stecken, können Sie nicht so einfach diversifizieren. Mit einem Kredit können Sie in mehrere Immobilien investie-

ren und auf diese Weise Ihr Portfolio besser mischen, was das Risiko minimiert und die Gesamtrenditen steigern kann.

3. **Liquidität:** Wenn Sie das gesamte Eigenkapital in eine Immobilie investieren, kann es schwierig sein, an Bargeld zu kommen, wenn Sie es brauchen. Wenn Sie jedoch einen Kredit aufnehmen, haben Sie immer noch Geld für unerwartete Ausgaben oder andere Investitionsmöglichkeiten.
4. **Steuervorteile:** Wenn Sie einen Kredit aufnehmen, um eine Immobilie zu kaufen, können Sie die Zinsen als Kosten ansetzen, was Ihre Steuerlast senkt.

Dabei ist es wichtig, die Stellschrauben zu kennen und entsprechend einzustellen:

- das Verhältnis von Eigenkapital und Fremdkapital,
- das Kreditvolumen, abhängig vom Investitionsvolumen und dem Eigenkapitaleinsatz,
- die Höhe der Tilgung,
- die Laufzeit und die Restschuld,
- die Zinsen. Deren aktuelle Markthöhe kann man zwar nicht beeinflussen, wohl aber Auf- und Zuschläge, die abhängig sind vom Kreditvolumen, dem Eigenkapital- beziehungsweise Fremdkapitalanteil, der Laufzeit, der Qualität und Lage des Objekts und der persönlichen Bonität. Zudem gibt es die Möglichkeit eines Forward-Darlehens.

Forward-Darlehen – eine Wette

Ein Forward-Darlehen ist relevant bei Anschlussfinanzierungen und stellt eine besondere Art von Immobiliendarlehen dar, bei dem Sie sich frühzeitig einen festen Zinssatz für ein zukünftiges Darlehen sichern können. Das bedeutet, dass Sie heute ein Darlehen mit einem festen Zinssatz abschließen, das erst zu einem späteren Zeitpunkt ausgezahlt wird, also erst dann, wenn Sie das Geld benötigen, um beispielsweise eine Immobilie zu kaufen oder eine bestehende Finanzierung zu erneuern. Das kann bis zu 66 Monate im Voraus sein, was fünfeinhalb Jahre sind.

Der Vorteil eines Forward-Darlehens besteht darin, dass Sie sich den Zinssatz frühzeitig sichern können, bevor sich die Zinssätze möglicherweise erhöhen. Wenn die Zinssätze steigen, sind Sie aufgrund des festen Zinssatzes des Forward-Darlehens vor höheren Kosten geschützt. Sollten die Zinsen also in der Zwischenzeit zulegen, sind Ihre gedeckelt.

Doch es ist eine Wette, woraus sich auch der Nachteil ergibt: So kann es beispielsweise sein, dass Sie einen höheren Zinssatz zahlen müssen, als Sie es mit einem dann aktuellen Darlehen tun würden. Und Sie müssen auch wirklich zahlen. Sollten die Marktzinsen zu Beginn Ihrer Kreditlaufzeit niedriger sein, können Sie nicht darauf verweisen.

Wenn Sie davon ausgehen, dass die Zinssätze in Zukunft steigen werden, kann es sinnvoll sein, sich frühzeitig einen festen Zinssatz zu sichern. Sollten jedoch die Zinssätze in Zukunft fallen, zahlen Sie drauf. Trösten Sie sich damit, dass niemand die Zinshöhe in 66 Monaten kennt. In jedem Fall aber haben Sie Planungssicherheit und erleben keine Überraschungen. Wägen Sie also Vor- und Nachteile eines Forward-Darlehens im Vergleich zu anderen Finanzierungsoptionen ab.

Natürlich lässt sich die Bank diese Dienstleistung bezahlen. Als Faustregel gilt: Je länger die Forward-Phase vereinbart wird, desto höher fällt der Zinsaufschlag aus. Während der Forward-Phase fallen übrigens keine Zinsen oder Kosten an.

Verhältnis von Eigen- und Fremdkapital

Aus dem Verhältnis von Eigen- und Fremdkapital ergibt sich die beschriebene Hebelwirkung mit einer entsprechenden Rendite. Lassen Sie es sich einmal von einem Fachmann ausrechnen oder erstellen Sie selbst eine Excel-Tabelle, um an den entsprechenden Parametern »herumzudrehen«. Es ist faszinierend zu sehen, wie mit weniger Eigenkapital bei einem gegebenen Investitionsobjekt Ihre Eigenkapitalrendite steigt. Freilich hat all dies Grenzen, weil Sie dafür einen Kredit bedienen müssen und der Cashflow geringer wird. Doch genau das sehen Sie, wenn Sie einmal alles durchkalkulieren (lassen).

Laufzeit und Restschuld

Die Laufzeit und die Restschuld sind bei einem Immobilienkredit entscheidend, da sie direkt die Höhe der monatlichen Ratenzahlungen und die Gesamtkosten des Darlehens beeinflussen. Eine längere Laufzeit führt zu niedrigeren monatlichen Raten, aber auch zu höheren Gesamtkosten aufgrund der längeren Zinsbindung. Eine kürzere Laufzeit bei gleich hohen Raten führt zu einer höheren Restschuld – für die Sie sich dann später um einen neuen Kredit kümmern müssen, womöglich zu höheren Zinsen.

An folgenden Stellschrauben können Sie drehen, um die Laufzeit und die Restschuld zu beeinflussen:

- **Tilgungssatz:** Der Tilgungssatz bestimmt, wie schnell Sie das Darlehen zurückzahlen und somit die Restschuld reduzieren. Ein höherer Tilgungssatz führt zu kürzeren Laufzeiten und niedrigeren Gesamtkosten, da Sie das Darlehen schneller zurückzahlen. Ein niedrigerer Tilgungssatz führt zu längeren Laufzeiten und höheren Gesamtkosten, da Sie das Darlehen langsamer zurückzahlen. Im Abschnitt »Tilgung« erfahren Sie gleich mehr dazu.

- **Anfangstilgung:** Die Anfangstilgung bestimmt, wie hoch die Tilgungsrate am Anfang des Darlehens ist. Eine höhere Anfangstilgung führt zu kürzeren Laufzeiten und niedrigeren Gesamtkosten, da Sie das Darlehen schneller zurückzahlen. Eine niedrigere Anfangstilgung führt zu längeren Laufzeiten und höheren Gesamtkosten, da Sie das Darlehen langsamer zurückzahlen.
- **Sondertilgungen:** Sondertilgungen sind zusätzliche Zahlungen, die Sie während der Laufzeit des Darlehens leisten können, um die Restschuld zu reduzieren. Je mehr Sondertilgungen Sie leisten, desto schneller reduzieren Sie die Restschuld und desto schneller zahlen Sie das Darlehen zurück. Dies kann zu kürzeren Laufzeiten und niedrigeren Gesamtkosten führen. Eine Sondertilgung bedeutet aber auch, dass Sie der Investition wieder mehr Eigenkapital zuführen, was die entsprechende Hebelwirkung und Eigenkapitalrendite schwächt. Bei selbst genutzten Immobilien sind Sondertilgungen sinnvoller als bei Kapitalanlagen (sofern man das Geld nicht anderweitig lukrativer anlegen kann).
- **Zinssatz:** Der Zinssatz beeinflusst die Höhe der monatlichen Ratenzahlungen und somit indirekt auch die Laufzeit und die Restschuld. Ein niedriger Zinssatz führt zu niedrigeren monatlichen Raten und kann somit die Laufzeit verlängern. Ein höherer Zinssatz führt zu höheren monatlichen Raten und kann daher die Laufzeit verkürzen.

Dramatische Wende bei Bauzinsen

Darlehen mit gebundenem Sollzinssatz sind in Deutschland die meistgewählte Darlehensform. Der Vorteil hierbei ist die Zinssicherheit für die Laufzeit. Schließlich werden die Kreditzinsen über einen vereinbarten Zeitraum festgeschrieben. Kapitalanlegern ist zwar nicht egal, ob die Zinsen hoch oder niedrig sind, aber sie können diese immer steuerlich absetzen. Für sie sind also Zinsanstiege nicht ganz so dramatisch wie für die vierköpfige Familie, die den Bau des Eigenheims Spitz auf Knopf gerechnet hat und jetzt von der Zinswende überrollt worden ist. Trotzdem stellen Zinsen natürlich eindeutig einen Kostenfaktor dar, der einen nicht kaltlässt.

Zinsen von 1 Prozent und niedriger haben in den vergangenen Jahren den Bauboom befeuert. Es war eine der wenigen Maßnahmen mit positiven Resultaten am Bau, an denen der Staat via EZB zumindest indirekt beteiligt war. Gleichzeitig sind mit dem billigen Geld allerdings auch die Kaufpreise für Wohnimmobilien in die Höhe geschnellt. Bauzinsen von 0,8 Prozent haben etliche Käufer zu Vermietern gemacht. Die Kalkulation funktionierte selbst bei moderaten Mieten in vielen Städten, sofern die Kaufpreise nicht vollkommen durch die Decke gingen, während die Mieten stagnierten, wie etwa in Berlin.

Doch nun ist die große Party vorbei. Die Zinsen haben sich – je nach Finanzierungsvolumen und Konditionen – seit Jahresbeginn 2022 vervierfacht. Natürlich hat jemand, der noch im Januar 2022 zu 0,8 Prozent finanzierte, eine komfortable Zinsbindung, beispielsweise von zehn Jahren bis 2032. Doch für die meisten Kreditnehmer laufen über die nächsten Jahre und oft schon bald die Traumzinsen aus. Und das bedeutet: Umschuldung. Angesichts von explodierten Zinsen auf derzeit um die 3,8 Prozent (Mai 2023, Sollzinsbindung zehn Jahre) und mutmaßlich weiteren Steigerungen in den nächsten Monaten und Jahren ändert sich auch hier die Berechnungsgrundlage drastisch. Wer mit einem hohen Fremdkapitalanteil gekauft und gebaut hat (was wie beschrieben sinnvoll sein kann), für den hat sich nun die Kalkulation drastisch geändert.

Denn solange ich nicht das Modell »Sparplan« mit monatlichen Zuzahlungen in die Investition verfolge, besteht doch die Grundidee darin, dass der Mieter durch seine Mietzahlungen indirekt Zins und Tilgung bedient. In Zeiten, in denen sich Kreditkosten mehr als vervierfacht haben, geht diese Rechnung allerdings nicht mehr so einfach auf. Solange aber der Kaufpreis und die Miethöhe stimmen, lässt sich auch mit heutigen Zinsen alles darstellen – schließlich waren vor Jahrzehnten Zinsen von durchaus 8 Prozent üblich, und auch da wurde vermietet, gebaut und gekauft.

Zinsen machen bei einem Immobiliendarlehen einen großen Teil der Kosten aus, zumal in der aktuellen Phase. Dabei können minimale Unterschiede hinter dem Komma bereits über Tausende von Euro oder einige Jahre Kreditlast entscheiden. Wie der individuelle Zinssatz am Ende aussieht, hängt nicht nur vom Marktzins ab, sondern auch von der Bonität des Kunden, der Lage des Objekts und den Eckdaten der Finanzierung.

So beeinflussen die Wahl des Grundstücks und die Art der Immobilie den Zinssatz. Ist nämlich ein Objekt aufgrund seiner Lage und Beschaffenheit schwer verkäuflich, ist das Risiko für die Bank höher – was sie sich bezahlen lässt. Denn Banken denken immer an das Szenario, wenn der Kreditnehmer die Raten nicht mehr leisten kann. Dann möchte die Bank das Objekt verwerten, weshalb sie wissen muss, wie viel sie bei einem Verkauf beziehungsweise einer Zwangsversteigerung erhalten könnte. In einer begehrten Lage dagegen ist es viel einfacher, einen Käufer zu finden, der einen hohen Preis zahlt. Das Risiko für die Bank fällt niedriger aus. Banken gewähren übrigens in der Regel einen Kredit, der leicht unterhalb des tatsächlichen Immobilienwerts liegt.

Ein bedeutsamer Faktor für den von der Bank angebotenen Zinssatz ist selbstverständlich die individuelle Bonität, zu der die persönliche Vermögenslage, das Vorhandensein von anderen Krediten und dort besonders das Zahlverhalten zählt. Doch auch ein unbefristetes und vor allem ungekündigtes Arbeitsverhältnis oder eine Verbeamtung auf Lebenszeit liefern aus Sicht der Bank gute Anhaltspunkte dafür, dass Kunden ihren Kredit langfristig bedienen können. Selbstständige, selbst bei guten stabilen Einnahmen, und Arbeitnehmer mit befristetem Arbeitsvertrag oder in der Probezeit erscheinen den Instituten hingegen nicht sicher. Zum einen muss das Einkommen zur gewünschten Darlehenssumme passen, und zum anderen spielen die regelmäßigen Ausgaben eine Rolle.

Auf andere Faktoren können Sie allerdings nicht einwirken: Erwartet die Bank in den nächsten Jahren deutlich steigende Zinssätze – etwa weil die Zentralbanken die Inflation weiter bekämpfen –, fällt der Aufschlag für eine lange Zinsbindungsfrist, wie sie bei Annuitätendarlehen üblich ist, höher aus als in anderen Wirtschaftsphasen. Dabei haben auch die Entwicklungen in anderen Ländern einen Einfluss, schließlich ist der Geldmarkt international.

Tilgung

Die Tilgung bezieht sich auf den Prozess, bei dem ein Kreditnehmer den geliehenen Betrag für eine Immobilie zurückzahlt. Sie ist ein wichtiger Aspekt bei der Finanzierung von Immobilien, da sie bestimmt, wie schnell der Kredit zurückgezahlt wird und wie hoch die Gesamtkosten des Kredits sind.

Eine Tilgung wird in der Regel als Prozentsatz des Darlehensbetrags ausgedrückt und kann zwischen 1 Prozent und 10 Prozent oder sogar höher liegen. Bei einer Tilgung von beispielsweise 2 Prozent zahlt der Kreditnehmer jedes Jahr 2 Prozent des ursprünglichen Darlehensbetrags zurück.

Hohe Tilgungen bedeuten, dass der Kredit schneller zurückgezahlt wird, was zu niedrigeren Gesamtkosten führt, da weniger Zinsen gezahlt werden müssen. Allerdings führt eine hohe Tilgung auch zu höheren monatlichen Ratenzahlungen, die für manche Kreditnehmer schwer zu stemmen sind. Diese Variante wird daher oft beim Modell »Sparplan« gewählt.

Niedrige Tilgungen halten die monatlichen Ratenzahlungen niedrig, verursachen aber auch höhere Gesamtkosten, da der Kredit über einen längeren Zeitraum zurückgezahlt wird und somit mehr Zinsen anfallen. Diese Option nutzt man, wenn man von Anfang an ordentlich Cashflow haben möchte und entsprechend die monatlichen Kosten drückt.

Stellschrauben bei der Tilgung sind also die Wahl der Tilgungshöhe, die Zinsbindungsdauer und die Art des Kredits.

Die Tilgung ist somit ein zentraler Faktor bei der Finanzierung von Immobilien, der je nach Höhe Vor- und Nachteile mit sich bringt. Kreditnehmer sollten sorgfältig abwägen, welche Tilgungshöhe für sie am besten geeignet ist, um ihre monatlichen Ratenzahlungen zu optimieren und gleichzeitig die Gesamtkosten des Kredits zu minimieren. Auch hier geht es darum, welche Art von Investition man hat und was die Ziele sind.

Ich persönlich bin ein Fan von rascher Tilgung. Wir sagen unseren Kunden immer, dass man mindestens mit 6 Prozent Annuität – Ratenzahlungen aufs Jahr bezogen – rechnen sollte, also Zins plus Tilgung. Das wären heute bei einem Zins von 4 Prozent gerade einmal 2 Prozent Tilgung. Da würde ich mehr empfehlen, denn obwohl das den Cashflow reduziert, hat man den Kredit auf diese Weise schneller abbezahlt. Sonst hat man womöglich Restlaufzeiten von 40 Jahren.

Übrigens können Sie die Tilgungsaufwendungen nicht von der Steuer absetzen, schließlich sind es keine Kosten, sondern Sie zahlen damit das geliehene Geld zurück. Trotzdem fehlt Ihnen die Summe am Monatsende und mindert den Cashflow.

Der Finanzierungsprozess

Eins vorab: Es gibt keine Baufinanzierung ohne ein konkretes Objekt. Die Immobilie dient ja der finanzierenden Bank als Sicherheit – und sie bildet auch die Berechnungsgrundlage für den Kredit. Dadurch unterscheidet sich das Immobiliendarlehen von einem normalen Konsumentenkredit.

Banken und Versicherungen als Kreditgeber

Absolut entscheidend bei der Finanzierung sind die Banken beziehungsweise andere Kreditgeber wie etwa Versicherungen. Der Einfachheit halber nenne ich sie aber in diesem Abschnitt Banken, da sie in der Realität den Großteil der Kredite vergeben. Banken schauen sich die Kunden genau an, und zwar alle möglichen Details und immer mehr: die Person, deren Bonität, das Objekt, andere Kredite, vor allem aber sämtliche Einnahmen, Kapitalanlagen und auch die Lebenshaltungskosten. Die entsprechenden Pauschalen hierfür sind mit der Inflation erhöht worden. Unter 3000 Euro Monatsnettoeinkommen sieht es aktuell schlecht aus. Die Einkommensanforderungen haben sich deutlich erhöht.

Wichtig zu wissen: Die Banken machen das nicht, um Kunden zu ärgern oder sie gar zu vergraulen. Einerseits handeln sie entsprechend den gesetzlichen Vorgaben. Andererseits haben sie ein ureigenes Interesse, dass der Kredit bedient wird. Das setzt voraus, dass das Objekt funktioniert und die persönliche Finanzsituation des Kreditnehmers auskömmlich genug ist, um den Verpflichtungen nachzukommen, gegebenenfalls auch bei Durststrecken; etwa wenn das Objekt nicht vermietet ist oder Investitionen fällig werden.

Doch die Banken müssen auch Geschäfte machen. Selbst bei steigendem Leitzins sind die Margen sehr gut. Für die Banken ist das eines der sichersten und vor allem ein stabiles und planbares Geschäft. Sie können mit regelmäßigen und bestens gesicherten Einnahmen rechnen – wofür allerdings die harte Risikoprüfung sorgt, die immer mehr dazu führt, dass man eine Finanzierung ablehnt.

Die Zeiten haben sich aber eindeutig geändert. So schrieb das *Handelsblatt* Anfang 2023 über die vierteljährliche »Bank Lending Survey« der Deutschen Bundesbank: »Daten der Bundesbank zeigen, dass es für Bankkunden im vergangenen Jahr insgesamt schwieriger geworden ist, an Immobiliendarlehen heranzukommen. Seit dem Frühjahr hat die Finanzbranche ihre Kreditvergabekriterien kontinuierlich verschärft – und will sie im ersten Quartal sogar noch weiter verschärfen. Das bedeutet, dass die Geldhäuser strenger prüfen, ob sie einem Kunden überhaupt ein Darlehen gewähren.«[74] Demnach sei der Anteil der Banken, die Kreditanfragen vollständig ablehnen, im gleichen Zeitraum sprunghaft gestiegen. »Bei privaten Immobilienfinanzierungen ist die Ablehnungsquote sogar deutlicher gestiegen als bei Krediten für Unternehmen«[75], berichtete die Zeitung.

Was ist beim Umgang mit Banken zu beachten?

Was sollten Investoren beim Umgang mit Banken beachten, um die Finanzierung sicherzustellen? Zunächst müssen Sie bedenken, dass der Aufwand für Kreditnehmer größer geworden ist. Sie müssen sich eine Bonitätsstrategie für Bankgespräche überlegen und sämtliche Unterlagen aufbereiten – und das können gut und gern 20 verschiedene Dokumente, Papiere, Formulare und Nachweise sein.

Neben den harten Fakten und Zahlen wollen Banken aber auch sehen, dass sich der Käufer mit Kapitalanlagen und den Risiken einer Immobilie auskennt. Erfahrung und vorhandene ähnliche Objekte sind hier von großem Vorteil. Zudem muss gegenüber dem potenziellen Kreditgeber eine klare Strategie aufgezeigt werden, die mit dem Kauf verbunden ist: langfristige oder mittelfristige Finanzierung, Integration in ein Portfolio oder Altersabsicherung. Wer den Eindruck vermittelt, nur spekulieren zu wollen, also auf einen baldigen Verkauf mit Gewinn – nach etwaiger Sanierung – setzt, dürfte womöglich das Nachsehen haben.

Neben dem reinen Bedienen der Zinsen ist selbstverständlich auch eine Vision für die Tilgung wichtig, deren Höhe wie gesagt eine wichtige Stellschraube für die Liquidität, aber eben auch die Restschuldsumme des Kredits darstellt.

Grundsätzlich zum Thema Zinsen: Inzwischen liegen sie bei um die 3,8 Prozent und sie können weiter steigen. Dieser Tatsache muss man sich bewusst sein. Das heißt, niemand sollte hoffen, dass sie sich wieder in Richtung 1,5 Prozent und darunter bewegen. Nach zehn Jahren Niedrigzinsphase werden die Zinsen zumindest mittelfristig nicht abflachen. Jetzt also aufgrund der Zinsen nicht in Bankgespräche zu gehen, wäre fatal. Es ist alles eine Frage der – durchaus spitzen – Kalkulation und der entsprechenden Einnahmen, die ja im Falle von B- und C-Städten anziehen, wie wir gesehen haben. Schließlich hat der Immobilienmarkt auch jahrzehntelang ohne das 1-Prozent-Zinsniveau funktioniert. Allerdings benötigt man heute mehr Eigenkapital als vor zwei Jahren: Einerseits um die Zinslast zu senken, andererseits sehen dies die Eigenkapitalanforderungen der Banken vor.

Wer auf diese Weise gut sortiert ist und mit einem sorgfältig ausgewählten Objekt in der richtigen Lage zur Bank geht, dürfte gute Karten haben. Denn die Aussichten für Investitionen in Wohnimmobilien sind trotz der vielfältigen Herausforderungen – und Unkenrufe – nach wie vor hervorragend.

Ein Überblick über den Papierkrieg

Welche Dokumente, Nachweise und Formulare müssen zum Kauf der Immobilie beigebracht und ausgefüllt werden? Wie erwähnt erteilen der Staat und seine Bankenaufsicht immer mehr Auflagen. Hinzu kommen bei jeder Bank eigene Listen und Vorgaben: Die eine Bank finanziert völlig willkürlich keine Eigentumswohnung in Häusern mit mehr als 30 Wohneinheiten. Die andere Bank möchte von der mithaftenden Mutter unbedingt das Scheidungsurteil erhalten, nur um etwaige Unterhaltsansprüche des Ex-Ehemannes auszuschließen – auch wenn die Scheidung mehr als 50 Jahre her ist.

Grob gesehen unterscheidet man zwischen Dokumenten und Formularen, die die persönliche Einkommens- und Vermögenssituation betreffen, und Unterlagen zur Immobilie. Letzteres kann ebenfalls ausufern.

Zur persönlichen Situation: Hier muss man unterscheiden zwischen Angestellten und Selbstständigen: Als Angestellter sollten Sie vorzugsweise einen unbefristeten Arbeitsvertrag haben und nicht mehr in der Probezeit sein. Sie sollten übrigens auch nicht gekündigt worden sein. Auch dieser Punkt geht aus einer Gehaltsabrechnung hervor. Deswegen wollen Banken auch immer »die letzten drei Gehaltsabrechnungen« sehen. Zudem benötigt man den Personalausweis, den letzten Steuerbescheid und den letzten Rentenbescheid, sofern dieser schon vorliegt. Obligatorisch ist auch die ausgefüllte Selbstauskunft. Sofern bereits anderweitige Kredite, Leasingverträge, Null-Prozent-Finanzierungen, Studienkredite und dergleichen bestehen, müssen vollständige Kopien dieser Verträge eingereicht werden. Je weniger private Schulden oder Konsumschulden Sie haben, desto besser ist das aus Sicht der Banken natürlich im Hinblick auf Ihre Finanzierungsfähigkeit. Sofern Sie bereits Immobilien besitzen, egal ob vermietet oder zur Eigennutzung, sollten Sie hierzu auch die vollständigen Unterlagen inklusive Grundbuchauszug und Aufstellung der Mieteinnahmen einreichen.

Bei Selbstständigen verhält es sich ähnlich: Personalausweis, Selbstauskunft und Nachweis bestehender Kredite. Zudem kommt es bei Selbstständigen stark auf die Unternehmensstruktur an. Handelt es sich um eine juristische Person oder eine natürliche Person? In letzterem Fall werden mindestens die letzten drei Steuerbescheide sowie eine aktuelle BWA (Betriebswirtschaftliche Auswertung) und der letzte Jahresabschluss benötigt. Sollte dieser nicht vorhanden sein, ist die letzte Ganzjahres-BWA die benötigte Alternative.

Als Selbstständiger sollten Sie mindestens 35 000 Euro Jahresgewinn nach Steuern erwirtschaften, damit Sie von der Bank einen positiven Bescheid erhalten. In Ausnahmefällen gelingt dies auch, wenn der Jahresgewinn von 35 000 Euro *vor* Steuer ist. Dies hängt aber stark von der Branche des Selbstständigen und der Finanzsituation ab.

Angestellte und Selbstständige müssen zudem Eigenkapital nachweisen. Hierzu reicht ein Screenshot des Onlinebanking-Portals.

Aber warum muss ich Eigenkapital nachweisen, wenn ich den übergroßen Teil der Immobilie aus Krediten finanziere? Die Bank möchte sehen, wie ich als Kunde mit meinem Geld umgehe. Wenn ich eine Immobilie ohne Eigenkapital finanzieren möchte, die Bank aber feststellt, dass ich mich ständig im Dispobereich befinde oder aber bereits fünf Privatkredite laufen habe, wird die Bank zu der Entscheidung kommen, dass ich nicht gut mit Geld umgehen kann. Die Bank möchte mich dahingehend kennenlernen. Daneben ist es hilfreich, wenn ich Erspartes, ein Aktiendepot, eine Lebensversicherung oder ein Tagesgeldkonto aufzeigen kann.

Daneben kursieren immer wieder Gerüchte, dass eine 95-Euro-Rücklastschrift Schufa-technisch schlimmer sei als die Tatsache, dass ich bereits in der Vergangenheit einen Kredit aufgenommen habe und diesen immer noch abtrage. Sollten bereits Immobilienkredite bestehen, gilt es natürlich, die Verschuldungsgrenze im Blick zu haben. Hauptziel der Bank bei der Prüfung aller Dokumente ist, sicherzustellen, dass sie ihr Geld wiedersieht. Dabei ist nicht nur die aktuelle Bonität wichtig, sondern auch meine persönliche Fähigkeit – die finanzielle Potenz –, meine anstehenden Aufgaben zu schultern. Wer gerade Vater von zwei Kindern geworden ist, wird also von der Bank ganz anders taxiert als ein Single ohne weitere private

Verpflichtungen. Grundsätzlich sind bestehende Immobilienkredite aber aus Sicht der Bank etwas Positives. Ebenso die Tatsache, dass ich in der Vergangenheit mal einen Privatkredit aufgenommen und diesen ordnungsgemäß zurückgeführt habe. Dieser Punkt wird von vielen Menschen stark unterschätzt.

Wie aber steht es nun um die Rücklastschrift? Es gibt Banken, die so etwas noch als K.-o.-Kriterium ansehen – in jedem Fall, wenn es mehrere solcher Vorfälle gab. Doch eine einzige Rücklastschrift kann ein Versehen sein und wird auch von den meisten so angesehen.

Definitiv im Aus landet man aber bei einer Insolvenz, negativen Schufa-Einträgen zu nicht bezahlten Krediten oder wenn eine Bank schon einmal Kredite oder Girokonten gekündigt hat.

Für Angestellte sind die Probezeit, ein befristeter Arbeitsvertrag oder gar eine Kündigung ein No-Go.

Als Selbstständiger oder Unternehmer macht es sich bei den Banken gut, wenn die Gewinne nicht zu schwankungsanfällig sind. Wenn Sie in einem Jahr 30 000 Euro Gewinn ausweisen, im nächsten 60 000 Euro und im darauffolgenden wieder bei null landen, ist das für eine Bank schwer zu verstehen. Das muss man in jedem Fall erklären. Auch der Spruch von manchen Selbstständigen: »Ich habe keinen Gewinn erzielt, weil ich keine Steuern zahlen wollte« kommt bei Banken nicht gut an. Denn Banken wollen Gewinne sehen, die dabei helfen könnten, den Kredit abzutragen.

Grundsätzlich gilt für persönliche Unterlagen und die Objektunterlagen: Achten Sie darauf, alles sauber, ordentlich und vollständig aufzubereiten, von der Gehaltsabrechnung über den Grundbuchauszug bis hin zum Exposé. Benennen Sie alle Dateien richtig und einheitlich und versenden Sie idealerweise alles auf einmal. Banker, Kreditberater oder Kreditvermittler geben Ihnen eine detaillierte Liste an die Hand, die es abzuarbeiten gilt. Das kann auf den ersten und auch zweiten Blick frustrieren – aber es ist nun einmal das, was die Bank und der Gesetzgeber verlangen.

Machen Sie es dem Banker oder der Vermittlerin so einfach wie möglich. Bedenken Sie, dass diese sich mit vielen Kunden und den entsprechenden – nicht standardisierten – Dokumenten herumschlagen müssen. Versenden Sie also nicht zehn verschiedene E-Mails mit womöglich noch unvollständigen Angaben. Wenn Sie Ihrem Vermittler helfen, wird er Sie bei Kann-Entscheidungen oder bei leichter Skepsis der Bank eher unterstützen. Hat er einen guten Eindruck von Ihnen gewonnen oder gibt es bereits eine Geschäftsbeziehung, tut er dies gewiss; denn er verdient an einem Kreditabschluss.

Je besser ich alles präsentiere, je besser ich meine Finanzen im Griff habe und alles aufbereite, desto einfacher wird es, auch spätere Finanzierungen zu erhalten. (Ich habe dieses Buch schließlich nicht geschrieben, damit Sie sich nur eine einzige Wohnung kaufen.) Bauen Sie sich dafür am besten gleich zu zwei bis drei Banken eine gute Kommunikation auf.

Es liegt auf der Hand, dass Sie offen und ehrlich kommunizieren sollten. Nicht alles beim Objekt oder Ihrer Vermögenslage mag auf den ersten Blick positiv erscheinen. Gibt es irgendwelche Makel, ist es ratsam, diese aktiv zu erklären. Sie werden bei der Kreditprüfung ohnehin auffallen, wenn sie aus Ihren Papieren hervorgehen. Fallen entscheidende Makel erst auf, wenn das Geschäft und der Kredit bereits unter Dach und Fach sind, kommt es zur fristlosen Kündigung, was für Sie ein Riesenproblem ist.

Beratende Unterstützung

Bei der Aufnahme eines Kredits für eine Immobilieninvestition sollten Sie alle Szenarien durchspielen, die Stellschrauben richtig einstellen und alle Risiken abwägen. Es ist vor allem für Neulinge nahezu unabdingbar, sich mit einem Fachmann zu beraten und die finanzielle

Situation sowie die Ziele für das Investitionsportfolio genau zu prüfen, bevor Sie sich entscheiden, einen Kredit aufzunehmen.

Auch wenn der Papierkram lästig und aufwendig ist, sollten Sie verschiedene Banken anfragen, vor allem wenn Sie das Gefühl haben, dass es kein Selbstläufer wird. Ein Nein muss nicht an Ihnen oder der Qualität des Objekts liegen. Wie gesagt haben manche Institute recht willkürliche Kriterien, die sich auch ändern können. So kenne ich einen Fall, wo eine Eigentumswohnung in einem Objekt einwandfrei finanziert wurde – und zwei Jahre später eine identische Wohnung im selben Objekt nicht. Dabei waren die Eckdaten völlig unverändert, auch die der persönlichen Finanzsituation. Vielmehr finanziert das bekannte Institut aus heiterem Himmel keine Wohnungen mehr in Häusern mit mehr als 30 Wohneinheiten.

Da helfen andere Banken zum Glück sofort weiter. Sprechen Sie auch freie Kreditberater oder Vermittler an. Es gibt etliche Akteure auf dem Markt, darunter auch unser eigenes Unternehmen Zinsoptimum GmbH, die Zugriff auf die Konditionen mehrerer Hundert Banken, Sparkassen und Versicherungen haben und diese vergleichen können. Solche Vermittler, aber auch Banken nehmen Sie regelrecht an die Hand und deklinieren mit Ihnen die Checklisten durch. Schließlich haben alle von ihnen ein grundsätzliches Interesse daran, dass die Finanzierung durchgeht.

Wie stark sich der Wind gedreht hat – sowohl aufseiten der Banken als auch bei den potenziellen Kreditnehmern – zeigen aktuelle Zahlen: Mit 12,7 Milliarden Euro wurden hierzulande im Januar 2023 so wenige Immobilienkredite vergeben wie noch nie seit Beginn der Statistik im Jahr 2003. Im Vergleich mit dem Jahresbeginn 2022 hat sich das Volumen nahezu halbiert, was fatal ist angesichts einer steigenden Einwohnerzahl.

Steuern sparen

Viertes Objekt von Yvonne und Sebastian: Eigentumswohnung in einer Denkmalimmobilie, Leipzig, 2020

- Kaufpreis: 267 000 Euro ohne Kaufnebenkosten, 4450 Euro pro Quadratmeter
- 35 000 Euro Eigenkapital
- 60 Quadratmeter
- Überschuss: 400 Euro monatlich inklusive Steuervorteilen dank 80 Prozent AfA
- Zinsen: 1,72 Prozent
- Kein Schnäppchen!
- Hoher Beratungsaufwand, inklusive Steuerberater
- Hohe steuerliche Komponente
- Nicht jedes denkmalgeschützte Haus ist geeignet
- Kernsanierung
- Wert heute: Rund 300 000 Euro bei konservativer Betrachtung, Wertsteigerung: 12,4 Prozent

Die beiden Paare waren bei der Crema Catalana angelangt, der Vanillecreme mit karamellisierter Zuckerkruste. Heute, am letzten Tag ihrer Reise, achteten sie wahrlich nicht auf die Kalorien.

»Übrigens habt ihr durch euer jahreslanges Zögern nicht nur Wertsteigerungen verpasst«, setzt Yvonne das Gespräch fort.

»Oder schlichtweg den Zeitfaktor, der ja bei Geldanlagen immer wichtig ist«, ergänzt Sebastian.

»Genau!«, lächelt Yvonne Sebastian an. Und dann Andrea und Peter zugewandt fügt sie hinzu: »Sondern vor allem auch Steuerersparnisse.

Normalerweise kann man 2 Prozent jährlich vom Wert der Immobilien abschreiben. Im Falle unseres Denkmalobjekts in Leipzig sind es aber 100 Prozent der Modernisierungs- und Renovierungskosten binnen zwölf Jahren. Das ist ein gewaltiger Unterschied und kommt voll zum Tragen, wenn man gut verdient und entsprechend Steuern zahlt.«

»100 Prozent Abschreibung!«, staunt Peter. »Das ist ja unglaublich.«

»Ja, nicht wahr? Zwar zahlt man deutlich mehr beim Kauf. Schließlich haben Denkmalhäuser in der Sanierung ihren Preis, der schon an Neubauten rankommt. Hier wurde ja alles kernsaniert, ein unglaublicher Kraftakt, der sich auch im Preis niedergeschlagen hat. Aber gleichzeitig kann man eben auch 100 Prozent dieser Aufwendungen über die Jahre absetzen.«

»Und was macht das aus?«, fragt Peter.

»Na ja, bei unserem Spitzensteuersatz um die 100 000 Euro in zwölf Jahren«, antwortet Yvonne trocken.

»Hunderttausend«, wiederholt Peter ungläubig. »Das relativiert ja den Kaufpreis deutlich.«

»Du sagst es! Aber diesen krassen Effekt hast du nur bei Denkmalobjekten.«

»Eigentlich wollte ich ja einen Espresso trinken, aber ich glaube, jetzt brauche ich erst mal einen Schnaps!«, ruft Peter.

»Ich auch«, sagt Yvonne.

»Am besten, wir nehmen allen einen. Wie wäre es mit Orujo?«, fragt Sebastian.

Eine Frage, die ich immer wieder gestellt bekomme, ist: »Wie verhält sich das alles nun steuerlich?«

Vorab als Hinweis: Ich skizziere hier grundsätzliche Steuerregeln, betreibe aber keine steuerliche Beratung. Im Einzelfall wenden Sie sich bitte an einen beziehungsweise Ihren Steuerberater.

Ich tue mich etwas schwer mit der Formulierung »Steuern sparen«, denn sie suggeriert, dass ich mir durch bestimmte Kniffe und Tricks einen legalen Vorteil verschaffe. Hier aber geht es um Kosten, die ich selbstverständlich bei einer Gewinn- und Verlustrechnung ansetze, und um Abschreibungen. Natürlich minimiert das die Steuerlast, aber ich würde nicht von »Steuern sparen« reden. Zudem würde es bedeuten, dass hohe Steuern den Normalfall darstellen sollten und niedrige Steuern ein Sparmodell sind – diese Einstellung teile ich ebenfalls nicht. Eine Ausnahme sind tatsächlich Denkmalimmobilien. Sie werden massiv steuerlich begünstigt, weil sich sonst die teure Sanierung und Erhaltung kaum lohnen würde.

Alles, was ich hier ins Feld führe, funktioniert übrigens nur bei vermieteten Immobilien, nicht bei Eigenheimen. Aus diesem Grund machen sich auch hohe Kredite für die eigenen vier Wände schlecht; ja sie sollten so schnell wie möglich zurückgezahlt werden, weil ich sie steuerlich nicht geltend machen kann.

Ein klassisches Beispiel: Ich kaufe eine Bestandsimmobilie, die in den 1960er-Jahren gebaut wurde, finanziere sie und kann alle Zinszahlungen (nicht die Tilgung) als Kosten von meiner Steuer absetzen. Ich versteuere selbstverständlich die Kaltmiete, ich kann auf der anderen Seite aber alle Kosten (Reparaturen, Porto, Fahrt zur Eigentümerversammlung und so weiter), die umlegbaren Betriebs- und Verwaltungskosten von der Steuer absetzen. Die Instandhaltungskosten und die Besparung der Rücklagen sind Teil der nicht umlegbaren Kosten und lassen sich nicht direkt von der Steuer absetzen, sondern erst mit Entstehen der Kosten, also der Renovierung.

Ein weiterer wichtiger Aspekt sind Abschreibungen. Dahinter stehen die Anschaffungs- und/oder Herstellungskosten des Gebäudes, der Wohnung oder der Baumaßnahme, die man über mehrere Jahre als Werbungskosten absetzen kann – in der Regel 50 Jahre lang. Den jährlich absetzbaren Teil bezeichnet man dabei als Abschreibung/Absetzung für Abnutzung (AfA). Dabei lässt sich nur der Gebäudeanteil abschreiben, nicht der Grund und Boden. Der Anteil variiert je nach Baujahr. In der Regel sind dies 2 Prozent pro Jahr auf den

Gebäudeanteil (50 Jahre lang absetzbar). Wenn bei einem Kaufpreis von 120 000 Euro auf den Grund- und Bodenanteil 20 000 Euro und auf den Gebäudeanteil 100 000 Euro entfallen, kann ich über jedes Jahr 2 Prozent von 100 000 Euro beim Finanzamt als Abnutzung absetzen (AfA) – also 2 000 Euro jährlich. Das minimiert die Steuerlast gewaltig und verschafft mir einen höheren Cashflow. Genau genommen müsste ich das eingesparte Geld aber zur Seite legen, um es später für Sanierungen aufzuwenden und den Status quo der Immobilie zu halten. So ist zumindest die Grundidee hinter dieser Konstruktion, die von einem stetigen Wertverlust ausgeht, den man wieder ausgleichen muss.

Zudem kann ich in den ersten drei Jahren nach dem Erwerb bis zu 15 Prozent vom Gebäudeanteil für Sanierungskosten geltend machen – sofern ich eine Sanierung durchgeführt habe. Wird der Wert von 15 Prozent überschritten, in unserem Beispiel 15 000 Euro, darf dies nicht mehr als Erhaltungsaufwand sofort abgezogen werden. Vielmehr setze ich das ebenfalls jeweils mit 2 Prozent jährlich als steuermindernden Abzug über die Gebäudeabschreibung an. Damit erhöht sich also die Abschreibung. Wenn ich die 15-Prozent-Marke nicht erreiche, darf ich frei entscheiden, ob ich dies über einen Zeitraum von einem, zwei oder drei Jahren geltend mache. Alle Sanierungen, die mir nach den drei Jahren ins Haus stehen, kann ich vollumfänglich sofort von der Steuer absetzen.

Darüber hinaus gibt es noch einige spezielle Aspekte zu beachten: Alle Bestandsimmobilien mit Baujahr 1924 und früher werden nicht mit 2 Prozent, sondern mit 2,5 Prozent über 40 Jahre abgeschrieben. Denkmalimmobilien sind dabei ein Spezialfall. Hier gibt es eine erhöhte Denkmalabschreibung, sofern ich die Immobilie vor der Fertigstellung kaufe. Das heißt, ich muss sie vor Sanierungsbeginn erwerben und habe über einen Zeitraum von zwölf Jahren eine erhöhte Abschreibung, nachdem der Bauträger die Immobilie hergerichtet hat: In den ersten acht Jahren nach Kauf jeweils 9 Prozent und in den folgenden vier Jahren jeweils 7 Prozent der Modernisierungs- und Renovierungskosten. Diese betrugen bei Yvonne und Sebastian 75 Prozent des Kaufpreises, also ziemlich genau 200 000 Euro. Daraus werden die beiden – das entsprechende Einkommen vorausgesetzt – binnen zwölf Jahren Steuerersparnisse von 100 000 Euro generieren, also 8000 bis 9000 Euro jährlich. Dieses Thema ist also vor allem oder sogar nur für Personen mit einem hohen zu versteuernden Einkommen interessant. Denn sofern ich keine entsprechenden Steuern zahlen muss, kann ich natürlich auch keine Steuern »sparen«.

Viele meiner Klienten fragen mich, ob es sinnvoll wäre, über eine vermögensverwaltende GmbH zu kaufen oder eine Holding zu gründen, wenn sie aktuell noch keine Immobilie besitzen. Auch hierzu habe ich eine klare Meinung: Sofern ich über eine juristische Person wie beispielsweise eine vermögensverwaltende GmbH die Immobilien kaufe, entfällt das Thema »steuerfreier Verkauf meiner Einheiten nach zehn Jahren«. Außerdem zieht dies weitere Kosten nach sich. Sie müssen eine GmbH gründen, zum Notar gehen, haben darüber hinaus Kosten für die Erstellung des Jahresabschlusses und der Bilanz. Da kommt, auf das Jahr hochgerechnet, eine ordentliche Summe zusammen. Prüfen Sie daher genau, wie hoch die steuerlichen Ersparnisse sind, und vor allem, ob eine GmbH oder eine Holding zu Ihrer langfristigen Strategie passt.

Kaufen Sie zudem niemals ein Objekt nur aufgrund steuerlicher Vorteile. Es sollte immer die Rentabilität und das Investment als Ganzes im Vordergrund stehen. Steuerliche Aspekte sind dann ein hübsches Beiwerk.

Aus der Praxis: Strategie und Portfolioaufbau

Fünftes Objekt von Yvonne und Sebastian: Eigentumswohnung in Waldenburg, Anfang 2023

- Kaufpreis: 198 000 Euro, ohne Kaufnebenkosten, inklusive 5 Stellplätzen, 1441 Euro pro Quadratmeter (ohne Stellplätze)
- 34 000 Euro Eigenkapital
- 5 Zimmer auf 120 Quadratmetern, 2 zusammengelegte Wohnungen, die sich später jeweils einzeln verkaufen lassen
- 775 Euro Kaltmiete, 6,50 Euro pro Quadratmeter
- 5 Stellplätze à 25 Euro Miete, von denen derzeit 2 vergeben sind
- Mietrendite: mehr als 5 Prozent
- Zinsen: 4 Prozent
- Baujahr 1988, kürzlich kernsaniert
- In der Nähe von Waldenburg, im Landkreis Zwickau, gibt es viele Automobilbauer, inklusive deren Zulieferer. Die Lage inmitten mehrerer Ballungsräume Sachsens und mit einer nahen Autobahnanbindung ist ideal.

»Wie seid ihr eigentlich auf Leipzig gekommen?«, fragt Andrea beim zweiten Orujo.

»Na, zum einen wollten wir bundesweit aktiv sein. Stichwort Diversifizierung.«

»Das ist euch wahrlich gelungen! Köln, Düsseldorf, Essen, Bremen, Leipzig – und sogar Waldenburg«, listet Peter die insgesamt sechs Immobilienstandorte auf.

»Dann gab es gerade dort dieses zauberhafte Objekt«, ergänzt Yvonne.

»Und schließlich ist Leipzig ein unglaublich starker Standort. Blühende Landschaften, das kann man wirklich sagen«, berichtet Sebastian: »BMW und Porsche haben dort große Werke. DHL betreibt ein riesiges Drehkreuz am Flughafen, seinen weltweit größten Umschlagplatz, da kein Nachtflugverbot besteht. Aus demselben Grund ist dort Amazon mit einem seiner größten deutschen Logistikzentren. Leipzig hat eine berühmte Uni, Medien – also die Stadt wächst: Um das Jahr 2000 herum hatten sie ein Tief von 440 000 Einwohnern, jetzt sind es bald wieder 600 000.«

»Beeindruckend, ich verstehe. Mensch, du könntest dort in der Wirtschaftsförderung arbeiten, so gut hast du die Daten parat. Also da spricht wirklich alles dafür«, sagt Peter.

»Eben. Aber trotzdem würde ich euch empfehlen, erst mal in der Heimat anzufangen. Florian kann euch sicher eine Menge Objekte in Köln und Düsseldorf vorschlagen«, sagt Yvonne.

Was sind nun mögliche Konstellationen, persönliche Situationen und daraus abgeleitete Strategien für einen Immobilienkauf beziehungsweise ein Kapitalinvestment? Hierzu möchte ich einige – sehr gemischte – Praxisbeispiele aus meiner täglichen Arbeit anfügen.

Manche Menschen kommen zu mir, nachdem sie gerade ihre Ausbildung oder ihr Studium beendet haben. Sie wissen, dass ihre Rente in ein paar Jahrzehnten nicht zum Leben reichen wird. Also möchten sie frühzeitig mit dem Investieren beginnen. Hierzu starten sie eher mit ein, zwei kleineren Wohnungen, um Erfahrungen zu sammeln und diese stetig auszubauen. Mehrfamilienhäuser und größere Investments kommen dann später.

Zunächst erarbeiten wir gemeinsam eine passende Strategie und kreieren ein Ziel, das wir erreichen wollen. Zentral dabei ist die Liquidität. Sind Ersparnisse vorhanden, die ich als Eigenkapital einsetzen kann? Kann, nicht muss. Die zweite Frage lautet: Was möchte und kann ich investieren?

Darauf aufbauend suchen wir geeignete Objekte, die stark von der Strategie und den Antworten abhängen. Eine typische Konstellation ist: Person A kann bis zu 30 000 Euro an Eigenkapital einbringen und hat aufgrund einer höheren monatlichen Tilgungsrate ein – zusätzliches – monatliches Investment von 100 bis 200 Euro. Dadurch ist sie schneller schuldenfrei. Warum das gut ist, habe ich im Kapitel »Finanzierung« beschrieben.

Person B hingegen bringt kein Eigenkapital ein, setzt zudem die Tilgung niedrig an und ist so deutlich später schuldenfrei als Person A.

Andere sagen wiederum: Ich habe zwar genug Eigenkapital, will dies aber bewusst nicht einsetzen, um so die steuerlichen Vorteile voll ausreizen zu können.

Auch Geschäftsführer, Selbstständige und Unternehmer kommen häufig zu mir. Sie wissen genau, dass sie für ihre Vorsorge etwas tun müssen, und sind sich im Klaren darüber, wie werthaltig und krisensicher Immobilien als Geldanlage sind. Ja es kommen sogar ältere Menschen, die geerbt oder ihr Eigenheim verkauft haben und ihr nun vorhandenes Kapital lohnenswert anlegen wollen. Sie bezahlen die Immobilien dann bar.

Die Möglichkeiten sind äußerst vielfältig, und es hängt immer von der persönlichen Situation oder der Stellung im Leben beziehungsweise Berufsleben ab, Eigenkapital einzubringen oder eben nicht.

Von 0 Euro bis hin zu 1 Million Euro Eigenkapital habe ich schon alles erlebt. Hierzu noch mal drei Beispiele:

Yvonne und Sebastian sind sehr gut diversifiziert, und zwar mit sechs Lagen, vor allem aber auch mit der Pflege- und Denkmalimmobilie. Der Eigenkapitaleinsatz für diese sechs Immobilien war und ist überschaubar, und durch steuerliche Vorteile (hier ist dieses Wort ausdrücklich angebracht), besonders durch den Denkmalschutz, entsteht sogar ein positiver Cashflow. Allerdings sind Denkmalimmobilien nicht für jeden geeignet. Denn sie funktionieren wie erwähnt lediglich über den Steuervorteil, der naturgemäß nur stattfindet, wenn man über hohe Einnahmen verfügt. Solch eine Investition sollte man nur tätigen, wenn die Einnahmensituation planbar und stabil ist. Daher empfehle ich immer, nie die steuerliche Situation als Grundlage für den Kauf zu nehmen. Bei einem anderen Pärchen, das eine solche Denkmalimmobilie erworben hat, ist dessen Einkommen nach drei Jahren aufgrund von Krankheiten stark zurückgegangen, was die steuerlichen Vorteile drastisch reduziert hat. Da sie solch ein Szenario berücksichtigt hatten, ist dem zweiten Pärchen jedoch kein Nachteil entstanden.

Beispiel zwei: Ein junger Mann hatte 500 bis 1000 Euro jeden Monat zur freien Verfügung und wollte diese zur Vorsorge aufwenden; allerdings nicht über Lebensversicherungen oder andere Finanzprodukte, sondern über Immobilien. Daher lag der Fokus gar nicht auf dem monatlichen Cashflow. Vielmehr ging es darum, mittel- bis langfristig Vermögen aufzubauen und seine eigene Bank zu werden. Sie sehen, das Thema ist sehr vielschichtig, und jeder hat die Möglichkeit, mit Immobilien zu starten. Es kommt daher darauf an, dass man ins Handeln kommt.

Beispiel drei: Ein weiteres Pärchen habe ich über einen unserer Immobilienworkshops kennengelernt. Die ersten drei Gespräche drehten sich nur um die verschiedenen Strategien und welche steuerlichen Aspekte dabei berücksichtigt werden müssen. Zwischen erstem

Kontakt und Umsetzung des ersten Projekts lagen fast zwölf Monate. Bei deren Strategie ging es um eine Kombination aus Geldanlage und dem Ziel, innerhalb von zehn Jahren einen monatlichen Cashflow von 10 000 Euro aufzubauen. Da entsprechende liquide Mittel vorlagen, haben wir als erstes Projekt ein Mehrfamilienhaus in Düsseldorf umgesetzt. Bei diesem Projekt wurden rund 125 000 Euro Eigenkapital investiert und nach Mietanpassung ein knapp vierstelliger monatlicher positiver Cashflow erzielt. Das weitere Vorgehen sieht so aus, dass dieses Pärchen mehrere kleinere Wohnungen erwerben möchte, fast ohne Eigenkapital zu investieren, um innerhalb der nächsten Jahre mehr und schneller Vermögen aufzubauen. Einige dieser kleineren Wohnungen werden sicherlich nach zehn Jahren Haltedauer steuerfrei verkauft, um den Rest des Portfolios schneller schuldenfrei zu bekommen.

Es gibt also unzählige Herangehensweisen, die sich aber im Kern nur durch den Zusammenhang von Eigenkapitaleinsatz, Rückzahlung des Kredits, Bedienung der Zinsen und Cashflow unterscheiden (alles Punkte, die ich im Kapitel »Finanzierung« dargestellt habe). Doch alle diese Kunden haben eines gemeinsam: die klare Strategie vor dem ersten Investment.

Andrea und Peter beispielsweise haben manche Objekte nur erworben, um sie nach zehn Jahren steuerfrei zu verkaufen, durch den Hebeleffekt ein anderes Portfolio schneller zu tilgen und letztlich schneller die finanziellen Ziele zu erreichen.

Die Strategiefindung

Sechstes Objekt von Yvonne und Sebastian: Eigentumswohnung in Köln

- In guter Lage, früher selbst bewohnt
- 100 Quadratmeter, plus Stellplatz
- 1900 Euro Kaltmiete, 19 Euro pro Quadratmeter
- Wert heute: rund 450 000 Euro

Bei manchen Kunden dauert die Strategiefindung recht lange. Hier bieten wir unsere Beratungsdienstleistung über einen Zeitraum von meist zwölf Monaten an, um die Investmentziele zu erreichen. Wichtig: Auch wenn die Strategie und die Ziele einmal festgezurrt sind, gibt es viele Aspekte auf dem Weg zum erfolgreichen Portfolio zu beachten. Einen kleinen Auszug, wie die Beratungen mit unseren Kunden ablaufen können, finden Sie im Folgenden. Diese mehrmonatige Betreuung gehört allerdings nicht zu unseren Standardleistungen.

1. Analyse der persönlichen Ist-Situation
   - Vermögensstruktur
   - Steuerliche Analyse (häufig gemeinsam mit dem Steuerberater)
   - Finanzierungsprüfung und bisherige Struktur
   - Analyse von Todesfall, Patientenverfügung und Ähnlichem
   - Erbschaft und Prüfung vorgezogener Erbschaften beziehungsweise Schenkungen
   - Hinweise auf sinnvolle Absicherungen und Versicherungen
2. Konzeption der Strategie
3. Das richtige Investmentvehikel finden (Personengesellschaft, Kapitalgesellschaft, Kombination oder anderes)

4. Begleitung bei der Umsetzung der Strategie und Durchführung der einzelnen Schritte
5. Premiumzugang zu geeigneten Kapitalanlageimmobilien
6. Mietverwaltung und Optimierung der neuen und bestehenden Objekte
   - Bei Objekten in der Mietverwaltung: Prüfung der bestehenden Mietverträge und Prüfung auf Durchführung von Mieterhöhungen
   - Optimierung des Bestands und Prüfung von Sanierung, um steuerliche Effekte zu erzielen und/oder Mietsteigerungspotenzial zu realisieren
7. Regelmäßige Update-Calls beziehungsweise -Termine, um Ist-/Soll-Situation zu überprüfen
8. Sonstige unternehmerische Hinweise: Nicht im, sondern am Unternehmen arbeiten

Die größten Fehler beim Immobilienkauf

Lassen Sie uns zum Schluss auf die größten Fehler beim Kaufen von Immobilien zu sprechen kommen – und wie sie zu vermeiden sind. Damit meine ich nicht, dass Sie beim Kauf einen morschen Dachbalken übersehen oder 20 000 Euro über dem Marktpreis bezahlt haben, sondern eher grundsätzliche Dinge, die mit der Geldanlage und dem Investieren generell zu tun haben. Die meisten Fehler entstehen übrigens in Verbindung mit anderen oder ergeben sich aus einem anderen. Da die einzelnen Punkte sich mitunter gegenseitig beeinflussen, stelle ich sie nicht isoliert dar.

»Ach, ich warte erst mal ab«, denken sich viele. Sie zögern den ersten Schritt zu lange hinaus und machen auch die folgenden Schritte zu langsam. Oft hängt das damit zusammen, dass diese Menschen zu klein denken. Das wiederum liegt oft daran, dass vielen Investoren **die Rendite zu gering erscheint.**

Natürlich ist die Rendite zentral. Doch ich sehe das wie folgt: Ich kaufe eine Immobilie zu einem Kaufpreis, der für mich in Ordnung ist. Es ist kein Toppreis, aber er ist okay. Ich setze im Idealfall sehr wenig Eigenkapital ein und finanziere das Objekt über zehn Jahre. Das Objekt befindet sich in einer A-Lage, deshalb werde ich in zehn Jahren sehr wahrscheinlich denselben oder einen höheren Verkaufserlös erzielen können. Selbst wenn der Preis der gleiche wie heute ist, entsteht allein durch die monatliche Tilgung ein Gewinn. Und dieser ist wegen des beschriebenen Hebeleffekts deutlich höher als die Anlage auf dem Sparbuch.

Auch wenn die Wohnung renditetechnisch also nicht ganz meinen Erwartungen entspricht, kann ich durch den Gewinn Vermögen aufbauen oder etwa mein privates Eigenheim schneller entschulden. Und: Je früher ich starte, desto mehr arbeitet der Zinseszinseffekt für mich und desto schneller werde ich vermögend. Immer vorausgesetzt, ich habe eine Immobilie, die sich rechnet und sich in A- oder B-Lagen befindet.

Natürlich gibt es Marktphasen, in denen man erst mal abwartet. Doch diese kommen ausgesprochen selten vor. Vielmehr ist es wichtig anzufangen; gerade auch um Erfahrungen zu sammeln und weiter voranzugehen. Daher ist es mir immer wichtig, das große Ganze zu sehen, was hier bedeutet, **die Rendite nicht isoliert zu betrachten**. Das heißt wiederum nicht, blind zu kaufen. Natürlich gibt es auch Immobilien, von denen man die Finger lassen sollte.

Und noch etwas: Ich habe von Hunderten Menschen angesichts verpasster Marktchancen den Seufzer gehört: »Ach, hätte ich doch früher investiert!« Dagegen habe ich höchst selten den Satz vernommen: »Hätte ich bloß noch länger gewartet!« Letzteres mag auf einzelne, begrenzte Zeitabschnitte zutreffen. Diese sind aber nur kurz und selten – zumal man ja nicht nur den Kaufpreis und die Finanzierungskonditionen sehen muss, sondern dass man die ganze Zeit bereits Einnahmen erzielt hätte.

Viele Investoren schauen zudem nicht über den Tellerrand hinaus. Sie wollen unbedingt in ihrem Umkreis Immobilien erwerben, meist im Radius von 20 bis 30 Kilometern. Doch mit dieser naturgemäß begrenzten Auswahl verbaue ich mir Chancen. Denn nicht jeder Standort entwickelt sich gleich. Auch sollte man – sofern man mehrere Objekte erwirbt – nicht alles auf eine Karte setzen. Wer in den vergangenen Jahren etwa in Berlin investiert hat, musste stark unter der Politik des Berliner Senats leiden. Auch hier wäre eine entsprechende Diversifizierung über mehrere Standorte ratsam gewesen.

Ein entscheidender Fehler beim Immobilienkauf ist schlicht und einfach Angst. Zugegeben, ich habe im ersten Teil dieses Buches sicherlich manchem etwas Angst gemacht. Die politischen und kostenmäßigen Rahmenbedingungen für Immobilien, für den Bau von Wohnungen und fürs Vermieten sehen ja tatsächlich nicht gerade rosig aus. Trotzdem führt kein Weg daran vorbei, dass wir dringend Wohnungen und Vermieter brauchen und sich das Geschäft trotzdem lohnt – wenn die Zahlen stimmen. Haben Sie also keine Angst davor, zu investieren und vor allen Dingen damit anzufangen. Seien Sie aber immer wachsam, besonders im Hinblick auf die politischen Rahmenbedingungen – die sich hoffentlich verbessern.

Selbstverständlich steckt hinter Immobilieninvestitionen ein gewisser Aufwand. Wäre es leicht, könnte es ja jeder machen und relativ leicht Geld verdienen. Doch das vorliegende Buch und meine Erläuterungen sollen Ihnen eindeutig die Angst und die Scheu nehmen, bei aller realistischen Darstellung. Bei entsprechender Vorbereitung und Sorgfalt sind Fehlinvestitionen in A- und B-Städten, wo es eine ungebrochene Nachfrage gibt, relativ selten und unwahrscheinlich. Haben Sie also auch davor keinerlei Angst; genauso wie vor Negativnachrichten und Vorurteilen.

Der Abend neigt sich seinem Ende entgegen und die vier nehmen doch noch einen Espresso. Sie schwelgen in frischen Urlaubserinnerungen. Das Thema Immobilien scheint in weite Ferne gerückt zu sein – doch urplötzlich ist es wieder da.

»Und, was ist euer nächstes Objekt? Schon was ins Auge gefasst?«, fragt Andrea offenbar nicht ohne Hintergedanken das ihr gegenübersitzende Paar.

»Warum fragst du?«, erwidert Sebastian lachend. »Wir haben doch erst Anfang des Jahres zugeschlagen.«

»Na ja, ich frage ja nur ... Irgendwie bist du auffällig oft vor den Schaufenstern von Immobilienmaklern stehen geblieben«, sagt Andrea.

»Ha, ertappt! Also entschieden ist noch nichts, aber wir können uns schon vorstellen, hier ein Ferienapartment zu erwerben.«

»Ja«, ruft Yvonne. »Dann machen wir da jedes Jahr zwei, drei Wochen Urlaub, natürlich auch mit euch – und den Rest der Zeit vermieten wir.«

»Viva España«, rufen alle wie aus einem Munde.

Ausblick und Fazit

Wenn man vergleicht, wo Yvonne und Sebastian sowie Andrea und Peter hinsichtlich Kapitalanlagen jeweils heute stehen, liegt es auf der Hand, wer mit seiner Strategie besser gefahren ist. Letztere prüfen ewig, um sich – bislang zumindest – doch nicht zu binden. Es ist sinnvoll und notwendig, den Kauf von Immobilien zu hinterfragen und nichts zu überstürzen. Allerdings muss man irgendwann ins Handeln kommen, wenn man die Notwendigkeit erkannt oder den Wunsch hat, privat etwas für die Altersvorsorge zu tun, zusätzliche Einnahmen zu generieren oder gar finanzielle Freiheit zu erreichen. Sonst steht man am Ende mit leeren Händen da.

Man kann nicht behaupten, dass irgendjemand etwas falsch gemacht hätte, wenn er in den vergangenen Jahren oder Jahrzehnten in Immobilien investieren hat. Dennoch sind auch Immobilieninvestments nicht frei von Risiken. Diesen Eindruck möchte ich auf keinen Fall erwecken. Die Wagnisse sind jedoch beherrschbar und limitiert, wenn man alles sorgfältig prüft.

Es liegt mir aber fern, jemanden dazu zu überreden, in Wohnungen und Häuser zu investieren. Sollte jemand für sich entscheiden, dass es »nichts für ihn ist«, ist das in Ordnung. Für einige sind die Investments eine zu hohe Last, zumal angesichts der großen Kreditsummen. Wer damit nicht umgehen kann oder wirklich schlaflose Nächte deswegen hat, für den ist es besser, die Finger davon zu lassen – und stattdessen regelmäßig in ETFs zu investieren. Das Investment muss immer zur jeweiligen Persönlichkeit und zum Typ passen. Man muss sich damit wohlfühlen.

Wenn man Immobilien erwirbt, muss man eine gewisse Zeit dafür aufwenden, um sich damit zu beschäftigen. Irgendwann gibt es einen Mieterwechsel, jährlich die Eigentümerversammlung mit anstehenden Entscheidungen wie zum Beispiel, dass das Rolltor der Tiefgarage saniert werden muss, oder der Staat fordert einen dazu auf, Formulare auszufüllen, weil er die Grundsteuer reformiert. Aber der Aufwand ist insgesamt überschaubar.

Es ist also wichtig, zu prüfen und weiterzusuchen, bis man für sich das Richtige gefunden hat. Doch das darf nicht zu einem ewigen »Ich schau mich noch mal um« führen und einer endlosen Recherche nach »noch günstigeren Angeboten«. Selbst wenn man die in ein, zwei Jahren irgendwo findet, sollte man sich immer vergegenwärtigen, dass einem seitdem auch Mieteinnahmen entgangen sind. Bei einer professionellen Auswahl von Objekten brennt nichts an. Keiner unserer Kunden steht etwa vor einer möglichen Sanierungspflicht.

Trotzdem muss man akzeptieren, dass man nie die hundertprozentige Sicherheit bekommt. Nirgendwo im Leben. Zu Andrea und Peter könnte man daher sagen: Aus ihrem Blickwinkel haben sie für die jeweilige Situation durchaus richtig gehandelt. Dennoch haben sie Stand heute keinerlei Immobilien erworben und auch keine Steuervorteile genutzt – also alle Chancen verpasst. Auf diese Weise sind ihnen bezogen auf einen Zeithorizont von zehn Jahren je nach Objekt 30, 40, 80 Prozent Wertsteigerungen entgangen. Doch bei den beiden habe ich noch Hoffnung.

Die wichtige Erkenntnis lautet, dass es den perfekten Zeitpunkt, den perfekten Zins, das perfekte Objekt nicht gibt.

Yvonne und Sebastian sind alles andere als unkritisch an ihre Investments herangegangen (deshalb konnten sie auch so gut alle Fragen von Andrea und Peter beantworten). Sie haben eine Strategie gehabt und Schritt für Schritt abgearbeitet. Alles läuft nach Plan. Das Ziel von 10 000 Euro monatlichen Mieteinnahmen nach rund zehn Jahren rückt stetig nähe.

Danksagung

Ich möchte mich bei all den wunderbaren Menschen bedanken, die mich auf meiner Reise begleitet und unterstützt haben. Ohne euch wäre dieses Buch nicht möglich gewesen.

Ein besonderer Dank gilt meiner Frau Barbara Bauer und meinen Kindern Fynn und Lilly-Sophie Bauer, die meine tägliche Motivation sind. Ihr seid meine Stütze in der Bauer Immobilien GmbH und nur mit so viel Teamarbeit gelingt der Spagat zwischen Familie, Kinderbetreuung und eurer eigenen Entfaltung. Danke, dass ihr die Traumfrau und die Traumkinder für mich seid. Die vergangenen fast zehn gemeinsamen Jahre waren wunderbar.

Ebenso möchte ich meinen Eltern Herbert und Sabine Bauer meinen riesigen Dank aussprechen. Ihr wart immer für mich und meine Familie da, zu jeder Zeit und in jeder Situation. Eure bedingungslose Unterstützung ist unbezahlbar.

Ein weiterer Dank gebührt meinen Geschäftspartnern Thomas Wichmann und Sascha Kalwa. Unsere Verbindung und Zusammenarbeit sind etwas Besonderes. Ihr habt mit mir Unternehmensbeteiligungen gehalten und gemeinsame Ziele verfolgt. Ich schätze eure Loyalität und den Beitrag, den ihr zum Erfolg unseres Unternehmens geleistet habt.

Yannick Müller, wir arbeiten bereits seit über zehn Jahren zusammen, und ich möchte dir für deine langjährige Zusammenarbeit und Loyalität danken. Dein Beitrag war und ist von unschätzbarem Wert.

Jan Niklas Sommershoff, Geschäftsführer der Optimarum Hausverwaltung, hat in den vergangenen Jahren unglaubliches Engagement gezeigt. Ich bin beeindruckt von deinem Einsatz und Tatendrang.

René Schneider, wir sind seit über 25 Jahren befreundet und arbeiten in einem gemeinsamen Unternehmen eng zusammen. Deine Freundschaft und Unterstützung bedeuten mir sehr viel.

Mein Coach und Mentor Kai-Uwe Harz begleitet mich seit 2014 intensiv. Der Austausch, die Zusammenarbeit und die durch dich gewonnenen Erkenntnisse waren und sind einfach phänomenal.

Ein herzliches Dankeschön geht auch an alle Mitarbeiterinnen und Mitarbeiter in unseren verschiedenen Unternehmen. Gemeinsam mit meiner Frau arbeiten wir an unserer Vision, Immobilien als Kapitalanlage einfach darzustellen und Kapitalanlegern den Zugang zu geeigneten Immobilien zu ermöglichen. Hervorheben und für die Jahre der Zusammenarbeit extra bedanken möchte ich mich bei Anastasia Heck, Duygu Yamac, André Wendrich und Martin Hoßdorf. Jeder in unserem gesamten Team hat einen besonderen Platz, und ich freue mich über jeden von euch von ganzem Herzen.

Abschließend möchte ich Yvonne und Sebastian danken, die bereit waren, ihre gemeinsame Geschichte in diesem Buch mit allen Lesern zu teilen. Danke für euer Vertrauen, unsere Freundschaft und die Möglichkeit, diese Inhalte so offen preiszugeben und ohne die das Buch nur halb so anschaulich geworden wäre.

Quellen

1 Andreas Macho: »Nachfrage nach Eigentumswohnungen eingebrochen«, *Die Welt*, 31.03.2023, https://www.welt.de/finanzen/immobilien/article244477148/Immobilien-Nachfrage-nach-Eigentumswohnungen-eingebrochen.html; abgerufen am 02.04.2023

2 Andreas Macho: »Nachfrage nach Eigentumswohnungen eingebrochen«, *Die Welt*, 31.03.2023, https://www.welt.de/finanzen/immobilien/article244477148/Immobilien-Nachfrage-nach-Eigentumswohnungen-eingebrochen.html; abgerufen am 02.04.2023

3 Europace (Hrsg.): »Europace Hauspreisindex: Leichte Stabilisierung der Preisentwicklungen im Februar«, https://report.europace.de/alle-news/europace-hauspreisindex-leichte-stabilisierung-der-preisentwicklung/; abgerufen am 28.03.2023

4 Michael Fabricius, Holger Zschäpitz: »Deutlicher Wertverlust? Diese Neubewertung sollten Eigentümer kennen«, *Die Welt*, 07.02.2023, https://www.welt.de/finanzen/immobilien/plus243201751/Immobilien-Deutlicher-Wertverlust-Diese-Neubewertung-sollten-Eigentuemer-kennen.html; abgerufen am 28.03.2023

5 Europace (Hrsg.): »Indizes. Baufinanzierung unter der Lupe«, https://report.europace.de/epx-hedonic/; abgerufen am 28.03.2023

6 Carsten Herz, Markus Hinterberger: »Wann lohnt sich der Einstieg?«, *Handelsblatt*, 10.02.2023

7 Carsten Herz, Markus Hinterberger: »Wann lohnt sich der Einstieg?«, *Handelsblatt*, 10.02.2023

8 Jochen Möbert: »Ausblick auf den deutschen Wohnungsmarkt 2023«, Deutsche Bank Research, https://www.dbresearch.de/PROD/RPS_DE-PROD/PROD0000000000527629/Ausblick_auf_den_deutschen_Wohnungsmarkt_2023%3A_Pre.

pdf?undefined&realload=eZwicC85GWsLGxv5qisFl7NWi2j7jTXo-8v5H8JGRiKQ7CgkUcTtPilMlJr7g5qt/; abgerufen am 03.05.2023

9 ZIA Zentraler Immobilien Ausschuss e. V. (Hrsg.): »Konzertierte Aktion Wohnen: Was es jetzt braucht, um den Wohnungsbau endlich wieder anzukurbeln«, https://zia-deutschland.de/wp-content/uploads/2023/05/zia_positionen_aktion_wohnen_2023_Druckversion.pdf; abgerufen am 30.05.2023

10 Daniel Eckert, Holger Zschäpitz: »Die unterschätzte Folge des Kollapses am Bau«, *Die Welt*, 12.04.2023, https://www.welt.de/wirtschaft/plus244498066/Stuetze-des-Wohlstandes-die-unterschaetzte-Folge-des-Kollapses-am-Bau.html?source=puerto-reco-2_ABC-V22.4.B_CURRENT, abgerufen am 27.04.2023

11 Heike Anger, Silke Kersting: »Der große Baustopp«, *Handelsblatt*, 10.02.2023

12 Carsten Herz, Julian Trauthig, Dietmar Neuerer: »Zins-Stress am Häusermarkt«, *Handelsblatt*, 03.04.2023

13 Carsten Herz, Julian Trauthig, Dietmar Neuerer: »Zins-Stress am Häusermarkt«, *Handelsblatt*, 03.04.2023

14 Carsten Herz, Julian Trauthig, Dietmar Neuerer: »Zins-Stress am Häusermarkt«, *Handelsblatt*, 03.04.2023

15 Carsten Herz, Julian Trauthig, Dietmar Neuerer: »Finanzieller Druck auf Immobilien-Eigentümer nimmt zu«, *Handelsblatt*, 06.04.2023

16 Carsten Herz: »Mieten steigen immer schneller«, *Handelsblatt*, 06.04.2023

17 Carsten Herz: »Mieten steigen immer schneller«, *Handelsblatt*, 06.04.2023

18 Carsten Herz: »Mieten steigen immer schneller«, *Handelsblatt*, 06.04.2023

19 Carsten Herz: »Mieten steigen, Kaufpreise sinken«, *Handelsblatt*, 14.04.2023

20 Lars P. Feld u. a.: »Frühjahrsgutachten Immobilienwirtschaft 2023«, https://zia-deutschland.de/wp-content/uploads/2023/02/Fruehjahrsgutachten-2023.pdf; S. 210; abgerufen am 15.04.2023

21 Haus und Grund (Hrsg.): »Studie: Mieten sind zwischen 2015 und 2021 bezahlbarer geworden«, https://www.hausundgrund-verband.de/aktuelles/einzelansicht/studie-mieten-sind-zwischen-2015-und-2021-bezahlbarer-geworden-6416/, 12.01.2023; abgerufen am 15.04.2023

22 Carsten Herz: »Mieten steigen immer schneller«, *Handelsblatt*, 06.04.2023

23 Carsten Herz: »Diese Städte sind für Vermieter besonders profitabel«, *Handelsblatt*, 24.02.2023

24 Carsten Herz: »Diese Städte sind für Vermieter besonders profitabel«, *Handelsblatt*, 24.02.2023

25 Carsten Herz: »Mieten steigen immer schneller«, *Handelsblatt*, 06.04.2023

26 Hendrik Richter: »Das Comeback der B-Städte: Starke Chancen für Investoren«, *Deal Magazin*, 20.03.2023, http://www.deal-magazin.com/news/123527/Das-Comeback-der-B-Staedte-Starke-Chancen-fuer-Investoren; abgerufen am 15.04.2023

27 Hendrik Richter: »Das Comeback der B-Städte: Starke Chancen für Investoren«, *Deal Magazin*, 20.03.2023, http://www.deal-magazin.com/news/123527/Das-Comeback-der-B-Staedte-Starke-Chancen-fuer-Investoren; abgerufen am 15.04.2023

28 ARGE e. V. (Hrsg.): »Wohnungsbau: Die Zukunft des Bestandes«, Forschungsbericht Nr. 82, Februar 2022, https://www.gdw.de/media/2022/02/studie-wohnungsbau-tag-2022-zukunft-des-bestandes.pdf; abgerufen am 14.04.2023

29 Caterina Lobenstein: »50 Quadratmeter, 3100 Euro«, *Zeit Online*, 20.04.2023, https://www.zeit.de/2023/17/wohnungsnot-mieten-bezahlbares-wohnen-neubau; abgerufen am 04.07.2023

30 ZIA Zentraler Immobilien Ausschuss e. V. (Hrsg.): »Konzertierte Aktion Wohnen: Was es jetzt braucht, um den Wohnungsbau endlich wieder anzukurbeln«, https://zia-deutschland.de/wp-content/uploads/2023/05/zia_positionen_aktion_wohnen_2023_Druckversion.pdf; abgerufen am 30.05.2023

31 Heike Anger, Silke Kersting: »Wie der Staat mit Auflagen und Kosten den Wohnungsbau erschwert«, *Handelsblatt*, 24.05.2023, https://www.handelsblatt.com/politik/deutschland/immobilien-wie-der-staat-mit-auflagen-und-kosten-den-wohnungsbau-erschwert/29163456.html; abgerufen am 30.05.2023

32 https://www.bundesregierung.de/breg-de/aktuelles/aufteilung-co2-kosten-2043728; abgerufen am 10.07.2023

33 Interhyp (Hrsg): »Fast die Hälfte der Immobilien unseres Portfolios müsste saniert werden«, 23.03.2023, https://www.interhyp.de/

ueber-interhyp/presse/interhyp-fast-die-haelfte-der-immobilien-unseres-portfolios-muesste-saniert-werden/; abgerufen am 03.04.2023

34 Carsten Herz: »So stark belastet der Plan Mieter und Immobilien-Eigentümer«, *Handelsblatt*, 28.03.2023, https://www.handelsblatt.com/finanzen/immobilien/eu-sanierungspflicht-so-stark-belastet-der-plan-mieter-und-immobilien-eigentuemer-/29051550.html; abgerufen am 10.07.2023

35 Mariam Misakian: »Neue EU-Gebäuderichtlinie: Das kommt auf Eigentümer zu«, *Capital*, 19.03.2022, https://www.capital.de/immobilien/das-bedeutet-die-neue-eu-gebaeuderichtlinie-fuer-eigentuemer-31706868.html abgerufen am 10.07.2023

36 Jan Schäfer: »Nächster Minister sperrt sich gegen EU-Sanierungszwang«, *Bild*, 26.03.2023, https://www.bild.de/politik/inland/politik-inland/eu-sanierungszwang-nur-habeck-ist-dafuer-naechster-minister-sperrt-sich-gegen-eu-83336308.bild.html; abgerufen am 10.07.2023

37 Heine Anger, Silke Kersting: »Krach am Bau«, *Handelsblatt*, 10.02.2023

38 Jochen Möbert: »Ausblick auf den deutschen

Wohnungsmarkt 2023«, Deutsche Bank Research, https://www.dbresearch.de/PROD/RPS_DE-PROD/PROD0000000000527629/Ausblick_auf_den_deutschen_Wohnungsmarkt_2023%3A_Pre.pdf?undefined&realload=eZwicC85GWsLGxv5qisFl7NWi2j7jTXo-8v5H8JGRiKQ7CgkUcTtPilMlJr7g5qt/; abgerufen am 03.05.2023

39 Carl Waßmuth: »Skandalöse Wohnungsrückkäufe in Berlin«, Gemeingut in BürgerInnenhand, 04.08.2020, https://www.gemeingut.org/skandaloese-wohnungsrueckkaeufe-in-berlin/; abgerufen am 07.06.2023

40 Bert Rürup: »Angebotspolitik für den Wohnungsmarkt«, *Handelsblatt*, 10.02.2023

41 ZIA Zentraler Immobilien Ausschuss e. V. (Hrsg.): »Konzertierte Aktion Wohnen: Was es jetzt braucht, um den Wohnungsbau endlich wieder anzukurbeln«, https://zia-deutschland.de/wp-content/uploads/2023/05/zia_positionen_aktion_wohnen_2023_Druckversion.pdf; abgerufen am 30.05.2023

42 Heine Anger, Silke Kersting: »Krach am Bau«, *Handelsblatt*, 10.02.2023

43 Heine Anger, Silke Kersting: »Krach am Bau«, *Handelsblatt*, 10.02.2023

44 Heine Anger, Silke Kersting: »Krach am Bau«, *Handelsblatt*, 10.02.2023

45 Caterina Lobenstein: »50 Quadratmeter, 3100 Euro«, *Zeit Online*, 20.04.2023, https://www.zeit.de/2023/17/

wohnungsnot-mieten-bezahlbares-wohnen-neubau, abgerufen am 04.07.2023

46 Interhyp (Hrsg.): »Interhyp-Wohntraumstudie: Stadt, Land, Frust? Hohe Immobilienpreise verlangen Kompromisse – aber Stadtflucht ist oft schwieriger als gedacht«, 22.06.2022, https://www.interhyp.de/ueber-interhyp/presse/interhyp-wohntraumstudie-stadt-land-frust-hohe-immobilien-preise-verlangen-kompromisse/; abgerufen am 03.04.2023

47 Destatis (Hrsg.): »Wohnungsbestand Ende 2021: 43,1 Millionen Wohnungen«, Pressemitteilung Nr. 318 vom 28. Juli 2022, https://www.destatis.de/DE/Presse/Pressemitteilungen/2022/07/PD22_318_31231.html#:~:text=Presse%20Wohnungsbestand%20Ende%202021%3A%2043%2C1%20Millionen%20Wohnungen&text=Im%20Vergleich%20zum%20Jahr%202011,beziehungsweise%202%2C5%20Millionen%20Wohnungen.&text=Die%20Wohnfläche%20je%20Wohnung%20betrug,Einwohner%2047%2C7%20m2; abgerufen am 08.05.2023

48 Bert Rürup: »Angebotspolitik für den Wohnungsmarkt«, *Handelsblatt*, 10.02.2023

49 Pekka Sagner: »Wer wohnt wie groß?«, IW-Kurzbericht, Nr. 11/2021

50 Pekka Sagner: »Wer wohnt wie groß?«, IW-Kurzbericht, Nr. 11/2021

51 Pekka Sagner: »Wer wohnt wie groß?«, IW-Kurzbericht, Nr. 11/2021

52 ZIA (Hrsg.): »Zahl der Baufertigstellungen erneut zu niedrig: ZIA fordert eine ›Konzertierte Aktion Wohnen‹«, 25.05.2023, https://zia-deutschland.de/pressrelease/zahl-der-baufertigstellungen-erneut-zu-niedrig-zia-fordert-eine-konzertierte-aktion-wohnen/; abgerufen am 30.05.2023

53 Bert Rürup: »Angebotspolitik für den Wohnungsmarkt«, *Handelsblatt*, 10.02.2023

54 Destatis (Hrsg.): »0,6 % mehr neue Wohnungen im Jahr 2022«, Pressemitteilung Nr. 199 vom 23. Mai 2023, https://www.destatis.de/DE/Presse/Pressemitteilungen/2023/05/PD23_199_31121.html#:~:text=WIESBADEN%20–%20Im%20Jahr%202022%20wurden,6%20%25%20mehr%20als%20im%20Vorjahr; abgerufen am 30.05.2023

55 Heike Anger, Silke Kersting: »Der große Baustopp«, *Handelsblatt*, 10.02.2023

56 Heike Anger, Silke Kersting: »Der große Baustopp«, *Handelsblatt*, 10.02.2023

57 Björn Egner: »Wohnungspolitik seit 1945«, Bundeszentrale für politische Bildung, 05.05.2014, https://www.bpb.de/shop/zeitschriften/apuz/183442/wohnungspolitik-seit-1945/; abgerufen am 28.03.2023.

58 »1,7 Millionen leer stehende Wohnungen: Bauministerin Geywitz möchte mehr Umzüge aufs Land«, *Tagesspiegel*, 22.03.2023, https://www.tagesspiegel.de/politik/17-millionen-leer-stehende-wohnungen-bauministerin-geywitz-mochte-mehr-umzuge-aufs-land-9544106.html; abgerufen am 28.03.2023

59 Heike Anger, Silke Kersting: »Der große Baustopp«, *Handelsblatt*, 10.02.2023

60 Bert Rürup: »Angebotspolitik für den Wohnungsmarkt«, *Handelsblatt*, 10.02.2023

61 Jochen Möbert: »Ausblick auf den deutschen Wohnungsmarkt 2023«, Deutsche Bank Research, https://www.dbresearch.de/PROD/RPS_DE-PROD/PROD0000000000527629/Ausblick_auf_den_deutschen_Wohnungsmarkt_2023%3A_Pre.pdf?undefined&realload=eZwieC85GWsLGxv5qisFl7NWi2j7jTXo-8v5H8JGRiKQ7CgkUcTtPilMlJr7g5qt/; abgerufen am 03.05.2023

62 ZIA Zentraler Immobilien Ausschuss e. V. (Hrsg.): Konzertierte Aktion Wohnen: Was es jetzt braucht, um den Wohnungsbau endlich wieder anzukurbeln«, https://zia-deutschland.de/wp-content/uploads/2023/05/zia_positionen_aktion_wohnen_2023_Druckversion.pdf; abgerufen am 30.05.2023

63 Bert Rürup: »Angebotspolitik für den Wohnungsmarkt«, *Handelsblatt*, 10.02.2023

64 Bert Rürup: »Angebotspolitik für den Wohnungsmarkt«, *Handelsblatt*, 10.02.2023

65 Bert Rürup: »Angebotspolitik für den Wohnungsmarkt«, *Handelsblatt*, 10.02.2023

66 Heike Anger, Silke Kersting, Julian Trauthig: »Wie Deutschland eine Nation der Eigentümer werden kann«, *Handelsblatt*, 27.02.2023

67 Heike Anger, Silke Kersting: »Der große Baustopp«, *Handelsblatt*, 10.02.2023

68 Michael Bassewitz: »So teuer macht der Staat den Wohnungsbau«, *Bild*, 25.05.2023, https://www.bild.de/politik/inland/politik-inland/riesen-kostentreiber-so-teuer-macht-der-staat-den-wohnungsbau-84041862.bild.html; abgerufen am 30.05.2023

69 *Wohnungsbau: Die Zukunft des Bestandes*, https://arge-ev.de/app/uploads/orders/b1e13fd8aa192c23c2c922fc9154555c/Endbericht_2022-02-10.pdf; abgerufen am 14.04.2023

70 Jan Schäfer: »Nächster Minister sperrt sich gegen EU-Sanierungszwang«, *Bild*, 26.03.2023, https://www.bild.de/politik/inland/politik-inland/eu-sanierungszwang-nur-habeck-ist-dafuer-naechster-minister-sperrt-sich-gegen-eu-83336308.bild.html; abgerufen am 06.04.2023

71 Alle Zitate in diesem Kasten: Jochen Möbert: »Deutscher Wohnungsmarkt: Inflationsschutz ist historische Regel«, Deutsche Bank Research, 1. März 2023, https://www.dbresearch.de/PROD/RPS_DE-PROD/PROD0000000000526922/Deutscher_Wohnungsmarkt%3A_Inflationsschutz_ist_hist.xhtml?rwnode=RPS_DE-PROD$IMMO; abgerufen am 03.05.2023

72 Destatis (Hrsg.): »Entwicklung der Lebenserwartung in Deutschland«, https://www.destatis.de/DE/Themen/Gesellschaft-Umwelt/Bevoelkerung/Sterbefaelle-Lebenserwartung/_inhalt.html#:~:text=Entwicklung%20der%20Lebenserwartung%20in%20Deutschland&text=Nach%20den%20Ergebnissen%20der%20aktuellen,%2C4%20Jahren%20(Frauen); abgerufen am 03.05.2023

73 Destatis (Hrsg.): »Entwicklung der Lebenserwartung in Deutschland«, https://www.destatis.de/DE/Themen/Gesellschaft-Umwelt/Bevoelkerung/Sterbefaelle-Lebenserwartung/_inhalt.html#:~:text=Entwicklung%20der%20Lebenserwartung%20in%20Deutschland&text=Nach%20den%20Ergebnissen%20der%20aktuellen,%2C4%20Jahren%20(Frauen); abgerufen am 03.05.2023

74 Yasmin Osman: »Banken spüren Einbruch bei Baufinanzierungen jetzt deutlich«, *Handelsblatt*, 23.02.2023, https://www.handelsblatt.com/finanzen/banken-versicherungen/banken/immobilienmarkt-banken-spueren-einbruch-bei-baufinanzierungen-jetzt-deutlich/28989840.html

75 Yasmin Osman: »Banken spüren Einbruch bei Baufinanzierungen jetzt deutlich«, *Handelsblatt*, 23.02.2023, https://www.handelsblatt.com/finanzen/banken-versicherungen/banken/immobilienmarkt-banken-spueren-einbruch-bei-baufinanzierungen-jetzt-deutlich/28989840.html; abgerufen am 10.07.2023

Stichwortverzeichnis

72er-Formel 95

A

A-, B- und C-Städte 19, 41–44, 113, 115, 121, 134, 139, 175
Absicherung 102f.
Aktien 98
Altersvorsorge 105f., 129, 132
Ampelregierung 47f., 71, 76, 78, 90
Anfangstilgung 149
Anlagestrategie 104–128
Auto 100

B

Banken 11f., 34, 55, 115, 122, 126, 132, 142, 151f., 154–161
Bauwirtschaft 21, 31f., 62–64, 76
Bauzinsen 21, 34f., 150f.
Bestandsimmobilie 22, 43, 138, 164f.
Bewertungskriterien 111f.
Bürokratie 9, 32, 47–53, 64

C

Cashflow 9, 28f., 40, 91, 105, 131, 134, 148, 153, 165, 170f.
CO_2-Preis 49
Corona-Pandemie 20, 32, 99, 107, 114, 119, 121

D

Dämmung 22, 32, 40, 45f., 50
Demografischer Wandel 68
Diversifikation 98, 102, 115, 119, 121, 145

E

Eigenheim 19, 34, 77, 96, 107f., 125, 150, 164
Eigenkapital 14, 30, 35, 55, 108, 124, 126, 144–149, 158, 169f.
Eigennutzung 22, 24, 35, 54, 76, 108f., 119, 157
Eigentumsquote 54f.
Eigentumswohnung 22, 54f., 96, 102, 108, 133f., 157, 161
Einfamilienhaus 50, 67, 108
Einwanderung 65f.
Energieauflagen 22, 72, 75
Energiepreise 20, 34, 37, 40, 140
Energieeffizienz 47, 50f., 71, 77
EU-Gebäuderichtlinie 50f.
Europace-Hauspreisindex EPX 22f., 25
Europäische Zentralbank (EZB) 20, 85, 97, 122, 150

F

Fachkräftemangel 32
Fehler beim Immobilienkauf 174–177
Ferienimmobilie 118
Finanzbedarf 129–133
Finanzielle Freiheit 127f.
Forward-Darlehen 146f.
Fremdkapital 8, 144, 146, 148f.

G
Genehmigungsverfahren 32, 48, 79
Gold 100
Grunderwerbssteuer 54f., 77f., 79, 90, 124

H
Handwerk 21, 32, 52, 113, 133
Hebeleffekt 88f., 91, 111, 124f., 171
Hebelwirkung 122–125, 144f., 148f.
Heizung 22, 32, 34, 48f., 52, 76f., 81, 92, 126

I
Immobilienklasse 28, 113–118
Immobilienmarkt 10, 19f., 25f., 90, 156
Inflation 19–26, 33f., 38, 43, 83, 87, 97, 130, 152, 154
Inflationsschutz 83–87, 89f., 99, 100, 105f.

K
Kapitalanlage 65, 76, 81–177
Käufermarkt 40
Kaufnebenkosten 54f., 89f., 123, 126
Kaufpreis 21, 24f., 29, 32, 38f., 42f., 54f., 73, 78, 120, 124, 128, 150f., 165f., 174f.
Kontakte 140f.
Kredit 8, 21, 30, 32, 34, 85, 88, 106, 109, 123, 126, 144–161
Kreditgeber 154f.
Kreditinstitut 34
Kryptowährung 101

L
Laufzeit 148f.
Lebenserwartung 129–133
Lebensversicherung 97
Liquidität 98

M
Materialengpässe 21, 32, 89, 113
Mietendeckel 29, 61, 63f., 72, 121
Mietpreisbremse 40, 60f.
Mietrendite 9, 38f., 42, 95, 117, 128, 137f.
Milieuschutzgebiet 60f., 64
Modernisierung 22, 32, 51, 61, 64, 166
Motivation 27–30

N
Nachfrage 19, 21, 23, 25, 28, 31, 36, 38f., 41f., 44, 53, 65, 68, 74f., 81, 89, 114, 116, 136, 176
Nachhaltigkeit 23, 46
Neubau 23, 25, 32, 36, 38, 40, 43, 47f., 64, 71f., 74f., 78, 115, 138
Neubaulücke 71, 74
Niedrigzinsphase 19, 22, 156
Niedrigzinspolitik 20
Nische 118

P
Parkplatz 118
Planung 129–133
Portfolioaufbau 167–171

R
Rahmenbedingungen, politische 9, 25, 34, 40, 54, 62, 66, 71, 76, 78, 176
Restschuld 34, 88, 146, 148f., 156

S
Sanierung 23, 30, 32, 49f., 51f., 89f., 96, 109, 137f., 156, 164f., 179
Sondertilgung 149
Sparmodell 9, 164
Standort 138
Steuervorteile 29, 53, 89f., 111f., 179
Stranded Assets 22
Strategiefindung 172f.
Studentenapartment 118

T
Tagesgeldkonto 97
Tilgung 152–154

Tilgungssatz 148

U
Urbanisierung 68

V
Vermögensaufbau 106f.
Versicherungen 154f.
Volatilität 99
Vorkaufsrecht 60

W
Wertsteigerung 85, 100
Wohnimmobilienmarkt 17–80
Wohntrend 68f.
Wohnungsmarkt 31, 37, 48, 62, 68f., 73f., 86f.

Z
Zentraler Immobilien Ausschuss (ZIA) 31, 38, 48, 52, 62, 73, 75, 78
Zinsen 19–26, 32, 34, 43, 53, 70, 75, 85, 88, 95–97, 100, 109f., 122f., 125f., 146 f., 150
Zinswende 33, 150